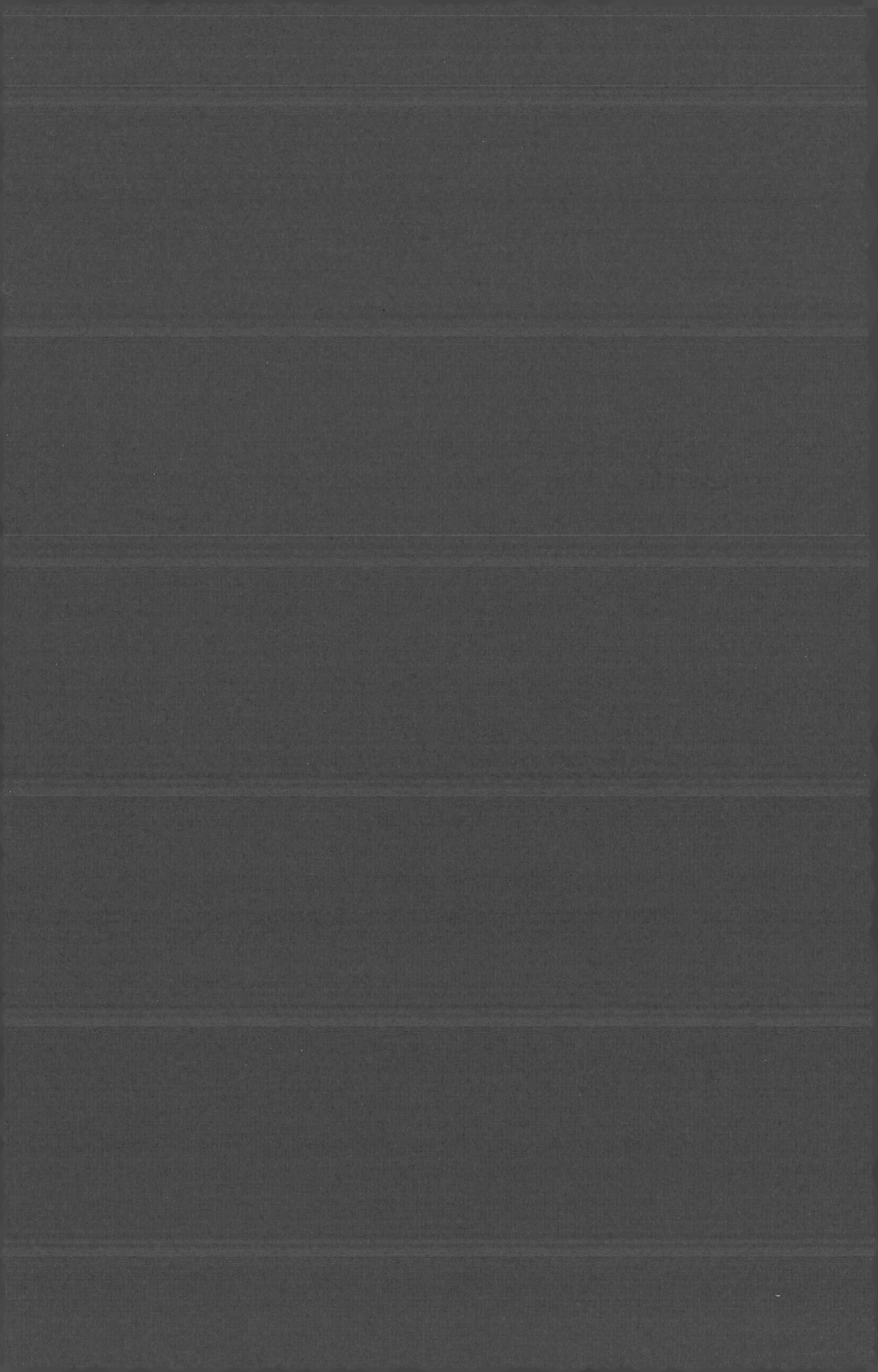

그대 떠난 강가에 서서

— 세상의 강을 따라서

허상문 기행에세이

그대 떠난 강가에 서서

— 세상의 강을 따라서

수필과비평사

프롤로그

그대 떠난 강가에 서서

강가에 서서 흐르는 강물을 바라보고 있으면 왠지 엄숙해지고 가슴이 먹먹해 온다. 대체 저 강은 어디서 왔다 어디로 가는 것일까. 흐르고 또 흐르며 어딘가로 떠나는 강은 얼마나 자유로울까. 어제에 매달리지도 않고 오늘을 붙잡지도 않고 내일을 걱정하지도 않으며 무심하게 흘러간다. 지상의 모든 만남과 이별, 삶과 죽음, 영광과 치욕을 다 안고 유유히 흐른다.

어린 시절, 강 근처에서 살던 나는 걸핏하면 강가에 앉아 흐르는 강물을 바라보곤 했다. 학교 수업을 마치기 바쁘게 아이들은 가방을 멘 채로 강으로 달려갔다. 어떤 친구들은 옷을 홀딱 벗고 강으로 뛰어들고, 어떤 친구들은 송사리를 잡기 위해 강가에서 분주히 움직였다. 그렇지만 나는 늦은 시간까지 혼자 강가에 앉아 생각에 잠기곤 했다.

어머니에게 야단을 맞고 인생의 고달픔을 알기 시작하면서, 학교에서 옆자리 여학생과 다투고 사랑의 아픔에 눈뜨면서, 서쪽 하늘에 지는 노을은 왜 저리 붉고 서러울까 하고 생각하면서 강가에 앉아 있었다. 그때부터 나는 나중에 어른이 되면 강을 따라 세상을 마음껏 떠돌아다닐 것이라고 다짐했다. 그 다짐을 실행이라도 하듯, 그동안 강과 함께 세상 곳곳을 많이도 다녔다. 시베리아횡단열차를 타고 달려간 네바강, 제국주의자들에게 쫓긴 잉카족들의 마지막 피신처였던 아마존강, 아프리카인들의 심장이자 마음의 고향이라는 콩고강….

노을 지는 강가에서 얼마나 많이 눈물짓고 한숨지었던가. 그렇게 많은 국경을 넘나들면서도 함부로 낯선 항구에 정박하지도 않았고 어디선가 혼곤히 잠들지도 못했다. 새로운 세상으로 나아가려면 수많은 경계를 넘어야 했다. 이곳에서 저곳으로, 만남에서 이별로, 어둠에서 빛으로 무엇과 헤어지고 무엇을 만나러 떠난 것인가. 인생을 조금이라도 깨어서 살기 위해서는 그동안 걸어온 대로 눈감고 모른 척하며 살아 갈 수는 없었다. 가는 길이 고달프고 힘들어도 떠나는 어둑새벽의 시간을 기다리며 밤새워 뒤척였다. 여행에서도 삶에서도 경계를 넘는 일은 힘들고 버거운 일이었다. 그렇지만 강에는 경계가 없다.

강은 가득 찼다가 텅 빈다. 강은 물을 만들고, 물은 강을 만든다. 느리게 흐르지만 세상을 외면하거나 세상에 대한 눈길을 거두지 않는다. 세상에는 관심이 없는 듯, 사람들과는 아예 사귀기 싫다는 듯, 저 혼자 잘난 체하며 앞만 보고 묵묵히 흐른다. 강은 머물러 있기보다는 늘 어딘가로 떠나기를 좋아한다. 뒷모습만 보이고 흘러가면서 말한다. "나도 어디로 가는지 몰라요."라고 속삭인다. 그러면서도 어딘가로 떠나 누군가를 만난다. 나는 저 도저한 강의 흐름이 좋다.

강물에는 마침표가 없다. 방향도 모르고 길을 잃은 채 표류하면서도 그냥 흘러간다. 인생이란 항상 그렇다는 듯 고독한 발걸음으로 앞으로 나아간다. 굽이쳐 흐르면서 인생과 세상을 경멸하며 절규하는 자들을 지그시 바라본다. 강물에는 물음표도 없다. 강이 평화로운 것은 의심이 없기 때문이다. 가는 곳이 어딘지 모르지만, 의심 없이 그냥 흘러간다. 그러면서 문명과 역사를 만들고 인생과 사랑을 만든다. 삶이 고여 있을 때보다 흘러갈 때가 아름답듯이 강도 흘러갈 때가 아름답다.

한 문명을 탄생시킨다는 것, 한 시대를 살아간다는 것, 한 사람을 사랑한다는 것은 강의 뒷모습을 바라보는 것과 같다. 낯선 땅에는 늘 그곳의 특별한 풍경이 있다. 먼 세상에서 모르는 사람들을 만나 모르는 언어로 이야기하는 것은 강의 깊은 의미를 찾는 거라는 생각이 들었다. 나는 많은 강을 떠다니며 인간이 만든 문명과 역사와 사랑과 이별을 바라보며 경탄하고 한숨지었다.

인간이 신이 되지 않는 한, 고통에서 벗어날 수 없을 것이다. 나의 아픔, 나의 슬픔, 나의 흔적, 이들을 다 흘려보낼 수 있는 곳은 강뿐이다. 삶은 한줄기 강이다. 하늘과 땅이 그냥 있는 것이 아니듯이, 강도 그냥 있지 않다. 강 속에서는 물만 흘러가는 것이 아니다. 그 속에서는 삶도 죽음도 역사도 사랑도 함께 흘러가고 있다.

한때 우리는 서로 어깨를 기대고 강가에 앉아 흘러가는 물을 바라보고 있었다. 그렇지만 우리는 물방울로 다시 만날 수 없었다. 흘러가는 물과 함께 물 그림자와 함께 멀리 떠나고 말았다.

강의 막바지에 이르도록 나는 아직도 강이 얼마나 깊은지, 그 속에서 무슨 일이 일어나고 있는지 모른다. 깨달음은 언제나 마지막 순간에 오는 것이다. 사막에서 "사람들은 오아시스가 지평선에 보일 때 목말라 죽는다."고 한다. 강은 바다에 이르러 마침내 소멸한다. 자신의 이름을 누군가에게 전해주고, 지나온 아픔을 어딘가에 기록하고, 영광과 오욕의 역사를 다 내려놓고 소멸한다. 인생만큼 강도 허무하다. 살아있다는 것은 한순간일 뿐, 떠나면 그뿐, 결국에는 어딘가에 당도해서 모든 것을 버리고 사라질 뿐이다.

비록 지금이 아니더라도 언젠가 떠나야 한다는 것을 강은 보여준다. 어떤 아름다움이나 추악함도 세월이 가면 모두 한 조각 그림자로 남는다는 것을 알려준다. 떠도는 그림자를 바라보면서 속절없는 시간과 덧없는 삶에 대해 탄식한다. 지금 무엇이 되어 있다는 것, 그것을 위해서 열심히 살아왔다는 것, 끝없이 되풀이되는 일상의 가벼움과 누추함, 아무것도 없지만 무언가 있는 듯이 열심히 살아온 이 몸서리치는 윤회의 허망함을 강은 다 알고 있다.

내가 서 있는 땅 어딘가에서 강이 시작되었듯이, 그렇게 강은 끝난다. 강은 그곳에서 끝나지 않고 다시 시작되고 싶은 듯 자꾸 뒤돌아보며 되돌아가고 싶어 한다. 지나간 시간도 다시 되돌리고 싶고, 떠나간 사람도 다시 만나고 싶다. 언제 다시 그 시간과 사람들을 만날 수 있을까. 가버린 물에 손을 씻을 수 없듯, 지난 강을 다시 회귀시킬 수는 없다. 나는 역류를 꿈꾸지만, 강은 역류를 꿈꾸지 않는다. 강은 돌아보지 않는다. 강은 왔던 길을 돌아갈 수 없다.

사랑도 증오도 이별도 이승에 있을 때나 하는 거다. 아직도 가슴에 품고 있는 것들이 무어 그리 소중하고 아까우냐. 어차피 못 가져갈 것들 다 버려라. 찬란한 한날 봄 꿈 같은 그리운 것, 안타까운 것, 애달픈 것, 모두 다 흘려보내라. 뒤도 돌아보지 말고 이름도 부르지 말고 손수건도 흔들지 말고 다 떠나보내라. 돌아갈 수 없는 저 강물도, 강물 위에 떨어져 함께 흘러가는 저 꽃잎도 떠나면 모두 저승 아닌가. 모든 것은 결국 레테의 강을 건널 것이고 영원한 망각의 나락으로 떨어질 것이다.

아무리 생각해도 인생이란 온통 아쉬움과 후회뿐이다. 나 자신을 더 사랑하지 못한 것, 우물쭈물하다가 미처 이루지 못한 일, 나를 용서하듯 누군가를 용서하지 못한 것, 끝내 잡아주지 못한 누군가의 손, 온통 아쉬움만 가득하다. 이런 아쉬움과는 아무 상관없다는 듯 강은 홀연히 흘러간다. 저 강의 무욕과 무심을 나는 경배한다. 한 세상 사는 일은 강 하나 건너는 일, 결국 모두 이 강에서 저 강으로 건너가야 한다. 강은 더불어 바다를 이룬다. 사람은 더불어 무엇을 이루는가?

모든 것이 고요한 침묵으로 빠져드는 이별의 시간이다. 강은 흘러가면서 또 다른 풍경을 만든다. 나도 누군가를 향한 넓은 바다가 되고 싶고, 선연한 아름다운 풍경이 되고 싶었다. 그대와 내가 강을 바라보며 멈추어 선 자리에는 아쉬움과 그리움만 자리 잡는다. 강은 우리를 젖게 하고 떠나 버린다. 비가 오고 바람이 불어도 강은 젖지 않는다. 우리만 젖을 뿐. 그렇게 젖어서 우리는 허물어졌다. 그래, 항상 그랬다. 그대는 너무 늦게 왔고, 나는 너무 일찍 떠났다. 강이 제 몸을 바다에 넘겨주고 떠나갈 때, 서쪽 하늘의 노을에 붉게 물든 새 한 마리가 한 세상을 접은 듯 어디론가 날아간다. 강은 바다로 갈 수 있지만 나는 어디로 갈 것인가.

그동안 강을 바라보면서 너무 많이 슬퍼하고 너무 많이 아파했다. 내가 흐르는 강을 보며 슬퍼하고 있는 지금, 지상의 어디에서도 누군가 강을 바라보고 있을 것이다. 저문 강가에 앉아 그대 떠난 자리를 바라보며 눈물짓고 있을 것이다.

차례

차례

명멸하는 인간과 역사

— 런던의 템스강

템스 강가에 서면 서구 제국주의의 어두운 그림자를 보는 것 같아 항상 우울했다. 워털루 다리 아래로 흐르는 강에서는 영화「애수」에서 만났던 슬픈 연인의 아름다운 낭만이 아니라 제국주의와 식민주의의 타락한 비린내가 났다. 인간은 평화와 번영을 말하지만 쉼 없이 남의 것을 빼앗고 전쟁을 저지른다. 인류의 역사는 침탈의 역사이다. 남의 땅을 지배하고 자연을 파괴하고 원주민을 살육했다. 그들은 승자가 되어 신성한 척 했지만 오히려 노예로 살아왔다. 자본의 노예, 수탈의 노예, 욕망의 노예, 그들의 낮과 밤은 그렇게 반복되었다.

영국이라는 거대한 역사의 수레바퀴가 굴러가는 가운데에서 희생된 많은 사람의 원한이 잠들어 있는 런던탑 옆에는 타워 브리지가 오랜 세월과 함께 묵묵히 흘러가는 템스 강의 수면에 우울

한 그림자를 드리우고 있다. 빅토리아 식의 아름다운 타워 브리지는 로마군이 런던을 점령했을 때 놓여진 런던 최초의 다리이다.

런던에서 템스강을 이어주는 다리는 타워 브리지 이외에도 빅벤이 한눈에 보이는 웨스트민스터 다리, 「애수」가 촬영된 워털루 브리지, 빅토리아 여왕의 남편 알버트 공의 이름을 따서 만든 알버트 브리지가 있다. 이 다리들은 모두 우리가 미처 알지 못하는 못다 이룬 사랑과 숨겨진 역사를 감춘 채 오늘도 무심히 흐르고 있는 템스강을 내려다 보고 있다. 홀로 묵묵히 천년도 넘게 흐르는 강물을 지켜보라. 강물은 지난 세월과 사람과 역사를 안고 앞으로 앞으로만 흐른다. 때로는 남겨두는 시간도 필요하고 기억할 사람도 필요하고 아쉬운 장면도 필요하지만, 아무런 기대도 없이 미련도 없이 저 혼자 생각하고 저 혼자 절망하면서 떠나간다.

오랜 세월동안 세계를 이끌어 가는 나라로 군림하던 대영제국이 이제는 흘러간 세월의 흔적을 붙잡고 그 옛날의 영광을 반추하고 있는 듯하다. 런던 시내를 걷거나 혹은 템스 강가에서 빅벤의 종소리를 듣고 있으면 그들의 위대했던 선조들은 모두 어디로 가고 이제 유럽의 초라한 한 나라로 남아있는가라는 감회에 젖게 된다. 런던은 바로 그 옛날의 영광이 가득했던 현장이다. 옛 왕조의 전통을 이어가면서 영국은 근대에 이르러 다른 국가보다 먼저 명예혁명으로 민주주의를 실현하고 산업혁명을 일으켜 세계 최초로 자본주의를 시행했다. 그리하여 그들은 한때 세계를 이끌어 가는 '해가 지지 않는 제국'으로 존재했지만, 이제는 다른 유럽 국가들과 함께 평범한 나라로 존재할 뿐이다.

강변에 서 있는 국회 의사당은 명성 그대로 세계 최초의 의회 정치와 민주주의를 탄생시킨 위엄으로 가득하다. 그 옆에는 웨스트민스터 사원이 서 있다. 로마의 제국주의자들로부터 현대의 식민주의자들에 이르기까지 많은 사람이 오고 간 템스강은 오늘도 말없이 흐르고 있다. 템스 강의 물결은 때로 가정의 휴식처로 혹은 바다의 전투지로 인간과 배들을 실려 보낸 수많은 추억을 지닌 채 지금도 흘러간다.

템스강에는 광명을 가져온다는 목적으로 영국에 침입했던 옛 로마의 정복자들로부터 제국주의자들이 부와 영예를 위해 수없이 드나들었던 역사를 담고 있는 강이다. 지금 강 물결에는 국회의사당이 비치고, 근처의 세인트 제임스 파크에서는 영국의 제국주의를 찬양이라도 하듯이 장미가 찬란하게 피어있다.

제국주의가 무엇이던가. 한 나라가 정치와 경제 및 문화적 지배력을 타국으로 확대하려는 사상과 정책을 말한다. 제국주의가 단순히 근대에 들어와 강국이 약소국을 지배한 것을 말하는 것은 아니다. 오래전 아테네의 지중해 장악을 통한 패권주의나 알렉산드로스 대왕의 헬레니즘 제국도 넓은 의미의 제국주의 시대였다. 산업혁명 이후 열강들이 세력 확장을 이루면서 넓게는 신항로 개척 시대를 전후한 제국주의와 식민주의는 본격적으로 이루어졌다. 유럽인의 아메리카 발견이 이루어진 1492년부터 18세기까지 유럽 국가의 아메리카 식민지화는 본격적으로 이루어진 것이다. 제국주의자들은 강압과 무력을 통해 다른 공동체를 병합하여 식민지화 화고, 이를 통해 해당 지역의 지배권을 본국의 것으로 탈

취하여 지배 국가의 통치 체계를 공고히 했다. 이 과정에서 피지배민족이 지배민족보다 열등하다는 주장을 넘어, 지배민족의 지도와 교화를 통해서만이 피지배민족의 발전을 이룰 수 있다는 이데올로기를 설파했다. 제국주의는 국가와 국가 사이에 전쟁과 식민주의를 가져오고, 인간과 인간 사이에 증오와 고립을 낳았다.

템스 강변에 위치한 빅벤은 런던의 상징이다. 런던사람들은 이 시계 소리들 들으며 일상적인 시간을 가늠하기도 하지만, 시계 소리와 함께 역사와 세월의 흐름을 인식한다. 빅벤의 소리는 하늘 저 너머로 번져 나가는 듯 울려 퍼지고, 석양이 되면 조명을 받아서 시계는 템스 강 위에서 떠있는 듯 넘실댄다.

20세기 영국의 여류소설가 버지니아 울프의『댈러웨이 부인』에서 댈러웨이 부인을 비롯한 런던인들은 빅벤소리를 들으면서 시간의 흐름과 삶의 의미를 되새긴다. "형언할 수 없는 정지의 시간. 빅벤이 종을 치기 직전의 조마조마함, 아, 마침 종이 치네!(…)돌이킬 수 없는 시간의 종소리가 겹겹이 묵직한 원을 그리며 공중으로 흩어져 간다."(『댈러웨이 부인』). 댈러웨이 부인은 육중하게 울려 퍼지는 빅벤 소리를 들으며 바느질에 몰두한다. 바느질이 한뜸 한뜸 자신의 생과 같고, 자신의 생을 다시 짜는 순간과 같다고 생각한다. 그리고 바늘의 움직이는 모습을 통해 파도의 율동을 연상한다. 거침없이 밀려왔다 사라지는 바다의 물결, 가까이서 멀리로 울려 퍼지는 빅벤소리, 거기에는 세상의 짐과 인생의 불가사의로부터 벗어나서 완전한 자연스러움을 누리고자 하는 '생의 흐름'이 있다.

세상은 갈수록 어둠으로 가득한 폐허가 되어간다. 이젠 어떤 것도 어둠을 거역 못 하고, 아무것도 어둠을 거절치 못한다. 파도는 더욱 거칠어지고 바람은 세상을 뒤흔든다. 밤바다에서 가야 할 길의 어둠을 간혹 밀려오는 등대의 불빛만이 비추어 준다. 침묵의 새벽이 몸을 떨며 다가온다. 버지니아 울프는 등대로 가지 못하고 결국 우즈강에 빠져 자살하고 만다. 인생을 슬퍼하지 말라. 세월은 오고 가는 것, 그 속에서 우리는 흘러갈 뿐이다. 인생은 그렇게 왔다가 그렇게 떠나간다. 강물처럼 종소리처럼.

소설에서와 같이 인생에서도 '의식의 흐름'은 흡사 강이 바다를 향해 흘러가듯이 진행된다. 흘러가는 강처럼, 나는 여기에 서있고 너는 거기에 서 있다. 삶은 항상 이렇게 이루어진다. 사람들은 왜 이 세상과 불화하며 질곡의 삶을 살아가는가. 전쟁하고 지배하고 약탈하면서 사람들은 사랑을 하지 못한다. 사랑을 붙잡지 못한다. 사랑은 강물처럼 아직도 거기서 그대로 흔들리며 철석이며 흘러갈 뿐이다. 내가 흘러보낸 시간, 지금의 이 시간, 다가올 시간의 의식과 무의식이 혼재하면서 인생이 이루어지고 세상이 움직인다. 의식과 무의식 속에서 출몰하는 생각들이 모여서 삶의 서사가 만들어진다.

그래서인지 런던에만 도착하면 나는 딱히 누굴 만날 약속도 없지만 거리로 달려나간다. 옥스퍼드 스트리트에서 피카딜리 서커스를 거쳐 트라팔가 광장으로 내려가는 길, 거리 양편에 펼쳐진 상점들 위로 엘리자베스 여왕 즉위 기념을 알리는 깃발들이 나부낀다. 런던의 유명한 거리들은 수백 년의 역사를 간직하면서 아직도 고색창연하게 그 모습을 드러내고 있다. 가장 오랜 역사를 간직한 런던의 동쪽 지역 블룸즈버리 지구의 거리를 나는 좋아한다. 이 인근에는 대영 박물관을 비롯하여 런던대학 등이 위치하여 학문과 예술을 비롯한 영국의 문화를 이루는 지역이다. 블룸즈버리 지구는 댈러웨이 부인이 제국주의 영국을 비판하고, 여성의 경제적 독립과 인권을 주창한 곳이다. 버지니아 울프의 글쓰기란 정상과 비정상의 삶과 세계를 아슬아슬하게 줄타기하듯 '자기만의 방'을 위해 이루어졌다.

강이 바다로 가듯이 인생도 다가왔다 떠나가는 것. 이런 사실을 아는지 모르는지 기나긴 긴 세월 동안 템스강은 묵묵히 흐른다. 오늘도 강은 바다로 바다로 달려간다. 정복당하지 않고, 굴복하지 않고, 너를 향해 내 몸을 던지노라. 템스강은 제국주의도 버리고 버지니아 울프의 생애도 던지고 바다로 달려갔다.

— 런던의 템스강

삶의 무거움, 존재의 가벼움

— 프라하의 블타바강

블타바 강가에 앉아 무심히 흘러가는 강물을 내려다 보고 있으면, 프라하 사람들과 이 아름다운 도시에 담긴 자유와 사랑에 대한 열망이 함께 흘러가는 것이 보인다. 오랜 고통의 역사를 지켜낸 블타바강은 오늘도 체코 사람들과 그곳을 거니는 나그네의 마음과 함께 유유히 흐르고 있다.

유럽의 여러 강 중에서 내가 가장 사랑하는 강의 하나는 블타바강이다. 우리에게는 몰다우강으로 알려져 있으나 체코인들에게는 블타바강이라 불리운다. 프라하를 몇 차례나 방문한 나는 이곳에 도착하면 왠지 '우울' ,'비애', '애수' 같은 단어가 먼저 떠오른다. 가을이 깊어가던 어느 날 해질 즈음에 프라하 거리를 혼자서 망연히 헤매고 다니던 때를 잊을 수 없다. 프라하의 도심 뒷골목에서 옷깃을 세우고 어디론가 갈 길을 재촉하는 사람들의 발걸음

— 프라하의 블타바강

을 바라보면서, 나는 갑자기 초로初老의 나이에 딱히 갈 곳도 없으면서 어딘가를 배회하는 사람들의 말할 수 없는 우수와 비애를 실감한다. 찬란하던 여름이 지나고 푸른 초목들도 그 강렬하던 힘을 잃고 낙엽이 되어 어지럽게 길거리에 날리기 시작할 때, 사람들은 갑자기 갈 곳을 잃은 채 허둥대게 된다. 프라하 거리에서도 이 고단한 삶을 꾸역꾸역 살아가야 하는 사람들의 비애가 가을 낙엽처럼 흩날리고 있었다.

가을이 깊어가는 시간이 되면, 담쟁이가 드리워진 화강암의 싸늘한 담 벽과 날카롭고 투명한 고딕 첨탑이 서있던 프라하의 거리를 생각하게 된다. 그 거리를 카프카의 『변신』과 『심판』의 주인공들과 함께 걷는다. 그들과 함께 불안과 비애를 외투주머니 구석에 꾸깃꾸깃 집어넣고 '존재의 참을 수 없는 가벼움'을 생각한다. 프라하의 구 시청사 앞 선술집에서 카프카와 맥주를 마시면서 존재와 삶의 의미에 대하여 밤새워 이야기했다. 시인 허만하는 프라하에서 우리의 모습은 "저무는 흐름 위에 몸을 던지는 비"와 같은 것이라고 했다.

> 비가 빛나기 위하여 포도가 있다. 미로처럼 이어지는 돌의 포도. 원수의 뒷모습처럼 빛나는 비. 나의 발자국도 비에 젖는다.
>
> 나의 쓸쓸함은 카를교 난간에 기대고 만다. 아득한 수면을 본다. 저무는 흐름 위에 몸을 던지는 비, 비는 수직으로 서서 죽는다. 물안개 같다. 카프카의 불안과 외로움이 잠들어 있는 유대인 묘지에는 가보지 않았다. 이마 밑에서 기이하게 빛나는 눈빛은 마이즈르 거리 그의 생가 벽면에서 보았다. ―허만하, 「프라하 일기」 일부

언제나 우리는 자신이 소멸되어가는 줄 모르고, 영원히 살아있을 것처럼 목청껏 소리를 지르다 결국 홀로 죽어간다는 사실을 깨닫는다. 시간의 기별이 다 끝나고 삶의 끝자리에 서서야 막다른 자의 절규가 어떠한 것인가를 알아챈다. 인간의 운명처럼 "비는 수직으로 서서 죽는다." 인간은 수직으로 직립으로 한평생 살아간다. 수직으로 떨어지는 비의 운명과 같이 한평생 살아가는 인간의 운명, 그것이 우리의 존재이고 삶인지 모른다.

프라하를 아름다운 도시로 만들어 주는 것은 블타바강 위에 카를교가 있기 때문이다. 체코사람들에게 카를교는 그들의 영혼과 같은 곳이다. 짙은 여수처럼 번지는 안개 낀 카를교에서 고독한 모습을 한 여인의 그림자가 속삭인다. "돌의 무릎을 베고 주무세요. 바람에 밀리는 비가 되세요. 그리고 당신이 돌의 풍경이 되세요." 그 돌의 풍경이 바로 프라하의 역사이고 문학이다.

프라하의 슬픈 내력을 많은 사람들은 문학작품과 영화의 배경으로 표현해 내었다. 대표적인 작품이 밀란 쿤데라의 소설『존재의 참을 수 없는 가벼움』을 원작으로 한 영화「프라하의 봄」이다. 이 작품의 배경에는 60년대와 70년대 유럽을 뒤흔들어놓은 '프라하의 봄'이라는 시련이 깔려 있다. 쿤데라의 작품 한복판에는 주인공인 듯 체코가 등장한다. 체코는 실제로 존재하는 나라이면서 동시에 상상 속의 나라이다. 현실과 꿈, 사랑과 증오, 과거와 현재 사이에서 분열된 존재의 복합성을 보여주고 있다. 그렇기 때문에 체코는 슬로바키아와 함께 둘로 갈라진 슬픈 나라가 되었다.

영화「프라하의 봄」은 프라하를 배경으로 인간의 삶과 사랑이라는 통속적 주제를 다루고 있다. 웨이트리스 테레사와 의사 토마스가 열정과 권태가 교차된 사랑 끝에 '가벼운 삶의 흔적'만 남기고 증발해 버리는 프라하의 이야기이다. 그러나 주제의 통속성과 달리 이 영화는 보는 사람들로 하여금 내내 프라하에서의 진정한 삶과 사랑의 의미를 생각나게 한다. 이따금씩 우리들을 꼼짝 못하게 옥죄어 오는 암담한 삶의 현실과 타인의 삶이 지닌 중력이 우리를 억압해 올 수 있다는 것, 그리하여 우리의 삶과 사랑이 송두리째 바뀔 수 있다는 것, 그러한 사실을 깨달을 때 우리는 절망한다.

여자와 섹스를 한 뒤 토마스가 창밖으로 텐 교회를 바라볼 때 종소리가 들려온다. 그때 그는 "세상 여자가 다 신대륙 같다."고 말한다. 그는 진지한 사랑을 삶에서 분리시킴으로써 자신의 존재를 한없이 가볍게 만들고자 한다. 영원한 사랑이란 불가능하다고 생각하는 토마스는 사랑의 진정성을 회의했지만 결국 테레사를 만나서 진정한 사랑의 의미가 무엇인가를 다시 묻는다. 또 다른 사랑의 가벼움을 찾아 나섰다가 깊은 우연의 사슬 끝에서 진정한 사랑의 무게를 느끼기 시작한 것이다.

테레사와 토마스는 결국 사고로 함께 죽는다. 그들의 운명은 우연한 사건들, 연쇄된 구속들, 그리고 돌이킬 수 없는 결정의 산물이다. 그렇지만 죽음을 향한 길과 사랑하는 두 사람의 파괴는 어떤 내면의 자유와 평화를 다시 찾는 길이기도 하다. 삶에서 정말 중요한 것은 필연이 아니고 마술처럼 신비롭게 찾아오는 우연이다. 사랑도 마찬가지다. 진정한 사랑은 처음 순간부터 우연이라는 이름으로 우리들의 가슴에 내려앉는다. 마치 카를교 위의 성자 프란츠 폰 아시시의 어깨 위에 내려앉은 새들처럼.

테레사는 다리 밑으로 흐르는 잿빛 강물을 바라보며 "프라하를 떠나고 싶다."고 절규한다. 자기가 사는 곳을 떠나고자 하는 자는 불행한 사람이다. 환멸과 질투, 무책임과 욕망에 상처를 입은 두 사람의 삶과 사랑의 비극은 결국 '존재의 참을 수 없는 가벼움'을 우리에게 보여준다. 그들의 사랑에 담긴 진정한 비극은 삶이든 사랑이든, 가벼워지고 싶어도 가벼울 수 없고 무거워지려 해도 무거워질 수 없다는 사실에 있다.

인간이 어찌 무거움만으로 살 수 있을 것인가. 무거움과 가벼움, 빛과 어둠 사이에서 살아가야 하는 것이 인간의 모습은 아닐까. 참을 수 없는 생의 가벼움과 무거움을 오가는 우리들의 자화상인지 모른다. 삶의 역사란 가벼운, 참을 수 없을 정도로 가벼운, 바람에 날리는 먼지처럼 가벼운, 내일이면 사라질 그 무엇처럼 가벼운 것이다. 존재의 가벼움과 무거움, 어느 쪽이 옳은가. 니체는 삶의 영원한 재귀는 무거움으로 이루어진다고 했지만, 우리의 삶은 단 한 번이기에 비교도 반복도 되지 않아 깃털처럼 가볍다.

카를교는 블타바강 우측의 구시가지와 좌측 언덕 위에 우뚝 솟은 프라하성을 연결하고 있다. 우리들의 허망한 육신처럼 조금씩 사그라지는 빛을 쫓으며 사람들은 카를교로 모여든다. 어둠이 다가오기 시작한다. 빛이 사라지고 어둠이 온다는 것은 오늘이 어제라는 이름으로 바뀌어 간다는 표시이다. 어제는 지나간 시간의 또 다른 이름일 뿐, 생의 끝과 역사의 끝이 어디쯤인지 알지 못한다. 어둠이 다가온 줄도 모르고 밤늦도록 친구들과 어울려 놀다가 길을 잃어버리고 울던 어린 시절의 아득한 기억처럼, 지금 내 곁에 다가오고 있는 하루의 적멸을 바라보고 있다.

억겁의 세월동안 수없이 나타났다 사라져간 저 태양과 노을은 모두 어디에 쌓여 있는 것일까. 카를교에서 지는 해는 아름답다. 카를교에서 지는 해가 아름다운 이유는 이루어질 수 없는 사랑과 슬픈 역사가 있기 때문이다. 다리 아래의 물속으로 서서히 잠겨 들어가는 일몰의 향연은 나를 카를교에서 떠나지 못하게 했다.

백야의 밤을 지새며
— 상트 페테르부르크의 네바강

네바강 가의 선술집에서 여러 병의 맥주를 청해 마신다. 강 위에 막사 비슷한 식당을 만들고 거기서 술과 간단한 식사를 파는 곳이었다. 네바강이 흘러내리는 이 술집은 바로 '10월 혁명'의 첫 신호탄을 알렸던 아브로라호가 눈앞에 보이는 곳이었다. 새벽 한 시가 가까워지자 네바강을 잇는 궁전다리를 위시한 다리가 들리기 시작했다. 상트 페테르부르그에서는 흡사 옛 우리의 부산 영도다리와 마찬가지로 새벽 한시가 되면 다리가 열리고 새벽 5시가 되면 다시 닫히게 된다. 새벽 한 시 네바강을 잇는 다리가 일제히 올라가면 사람들의 통행은 불가능해지고, 그 사이 화물선 같은 큰 선박이 운행하게 된다.

러시아 제2의 도시인 상트 페테르부르크는 '혁명의 도시', '유럽을 향한 창', '북쪽의 베니스', '백야의 도시' 등등 많은 별칭을 지니고 있다. 우리에게는 구소련 시대 때의 이름인 레닌그라드로 더 잘 알려져 있다. 이 도시는 혁명 때까지 제정러시아의 수도였던 만큼 지금도 러시아문화와 예술 · 역사 · 관광의 중심지이다. 18세기 초반 페테르 대제에 의해 도시가 설립된 이후 러시아는 페테르부르크를 중심으로 서구문화의 개화기에 접해 각 분야에서 눈부실 정도의 발전과 근대화가 진행된다. 구소련의 붕괴 후 다시 제정러시아 때의 이름으로 불리어지고 있다.

자정이 훨씬 지난 시각이었지만 아직도 완전한 어둠이 오지 않았다. 고위도 지방에 있어서인지 겨울은 몹시 춥고 밤이 길다. 반면에 여름이 되면 이곳에는 일몰과 일출 사이에 반영되는 광선 때문에 밤에도 해가 지지 않은 것처럼 어슴프레한데, 이것을 '백야현상'이라고 한다. 북극지역은 백야현상으로 여름에는 낮의 길이가 16시간이나 지속된다. 겨울에는 태양이 없는 어슴프레한 낮이 계속되어 지는 현상이 나타나며, 북부지역의 경우 이러한 현상이 두달간 지속된다.

밤이 오지 않는 6월의 마지막 열흘 동안 페테르부르크 주민의 많은 사람들은 밤새도록 집 밖에 나와 백야를 축하한다. 포크댄스에서 발레에 이르기까지 다양한 공연이 열리는 '백야 댄스 페스티벌'이 열리며 키로프 발레단의 주요 멤버들이 이 시기에는 더욱 바쁘다. 여름의 백야는 너무나 아름다워 사람에 따라서는 창밖을 내다보고 오후 8시쯤 되었다고 생각했는데, 사실은 새벽 3시라는 사실에 당황하기도 한다. 자정이 훨씬 지난 시간이지만 네바강의 흘러가는 물결이 선명하게 보일 정도로 밝다.

새벽의 여명 속에서 네바강의 물결을 내려다 보며, 강 위에 올라가 있는 궁전 다리를 비롯한 다리를 바라보며, 러시아 맥주 비아진크를 마시는 나그네의 마음은 짙은 우수로 흔들리고 있었다. 이곳 사람들에 의하면 네바강은 '여자의 마음'을 의미한다. 그 이유는 하루에 세 번 그 빛이 바뀌어 아침에는 회색이 되지만, 점심때는 푸른빛으로 변하고, 저녁에는 황금 빛을 발산하는 신비한 강이기 때문이다. 그래서인지 페테르부르크라는 도시는 여성의 음기가 대단히 강한 곳이라고 한다. 러시아는 풍수지리적으로 대륙에 위치하고 있으며 대륙성 기후의 영향을 받고, 기압이 낮으며 습지가 많아서 여자들의 기氣가 세다고 한다. 실제 관공서의 공무원 중에도 여자가 많이 있으며 버스나 전차의 운전기사도 여자가 더 많아 보인다. 물론 과거에 전쟁 때문에 많은 남자가 희생된 때문이라는 이유도 있겠지만, 유독 시내에는 여성들의 수가 많고 남성들보다 활기차 보인다.

세계 어느곳에서나 마찬가지겠지만 러시아 여성들도 자신의 아름다운 외모를 최고의 자존심으로 생각하기 때문인지 여성들에게 '끄라시바(아름답다)'라고 하면 최고의 찬사다. 미모가 생명이고 자존심인 여자들, 루스까야(러시아 여인)들은 한결같이 예쁘고 날씬한 팔등신이었다. 그런데 문제는 너무 쉽게 변하는 데 있다. 날씬한 젊은 여자들에 비해 나이든 여자들은 한결같이 엄청난 체구를 하고 있었다. 그러나 아무리 외모를 생명처럼 가꾸려고 애써도 저 푸른 눈빛과 인형같이 예쁜 얼굴과 팔등신 같은 아름다운 몸매도 세월이 가면 시들고 늙는 것이 인간의 운명이 아닌가. 맥주를 들고 와서 테이블에 놓고 가는 루스까야의 얼굴과 머리결은 네바강의 물결만큼 아름답게 일렁이고 있다.

백야의 마법이 신기루처럼
당신을 유혹하는 것은 아닌가?
달의 여신 새하얀 이시스가 당신을
테베에서 온 스핑크스를
포로로 잡은 것은 아닌가?
어떤 신비가 당신의 미소짓는
부드러움을 냉혹한 입술로 굳게 만드는 것은 아닌가?
불멸의 빛을 발하는 강물의 넘침.
한밤의 파도가 나일강의 성스러운
별들보다 당신을 더 기쁘게 하는 것은 아닌가?

— 바체슬라부 이마노프, 「네바의 스핑크스」 일부

네바강 연안 대학로 강변에는 이집트의 고대도시 테베에서 팔려온 스핑크스가 있다. 사자의 몸통과 사람의 얼굴 모습을 한 채로 이집트 파라오의 왕관을 쓰고 있는 이 스핑크스는 이집트가 멸망한 이후 모래사막에 묻혀 있었으나, 이곳을 여행 중이던 러시아의 젊은 장교의 눈에 띄어 당시 상트 페테르부르크의 짜르 니콜라이 1세에 의해 10만 프랑이라는 거금을 지불하고 구입되었다. 오랜 협상 끝에 구입된 이 스핑크스는 일년 여에 걸친 항해 후에 상트 페테르부르크에 도착했고, 부두 가에 시설이 완성된 1834년에 현재의 자리에 위치하게 되었다. 백야의 밤이 되면 스핑크스는 네바 강가에서 일렁이는 강물과 함께 더욱 찬란하게 빛나고 있다.

인간에게 새로운 역사의 지평을 열어 주리라고 약속하며 러시아혁명과 함께 20세기를 열었던 공산주의는 소련연방의 해체와 더불어 마감되었다. 블라디보스토크에서 모스크바로 그리고 상트 페테르부르크로 오는 길고도 험난했던 길, 돌이켜보면 그것은 마치 공산주의 이데올로기의 역정을 도강渡江하는 대장정과 같았다.

자정 가까운 시간이지만 백야현상으로 아직도 해는 중천에 걸린 듯 거리는 훤했다. 이제 곧 이 백야를 떠나야 한다. 길고도 험난했던 시베리아 횡단열차의 여행, 그리고 페테르부르크에서 보낸 백야의 밤들…. 다 스비다니아(안녕)! 다 스비다니아(안녕)!

미라보 다리 아래로 사랑은 흐르고

— 파리의 센강

템스강에 많은 다리가 있듯이, 파리의 센강은 다리를 위한 강이라고 해도 지나치지 않다. 센강은 퐁 네프, 퐁 디에, 퐁 데 쟁발리드, 퐁 마리, 퐁 쉴리, 파세렐르 솔페리노를 비롯한 삼 십여 개의 크고 작은 다리로 연결되어 있다. 그 중 퐁 네프는 개통된지 사백년이 지난 다리로 가장 오랜 역사를 지닌 다리이고, 퐁 디에나는 나폴레옹이 예나전투의 승리를 기념하기 위해 19세기 초에 지은 다리이다.

다리들을 사이에 두고 센강의 좌우에는 과거와 현대의 건축물들이 늘어서 있다. 프랑스의 대표적인 성당이자 고딕 양식의 노트르담 대성당, '천국의 문'이란 명칭을 얻은 생트샤펠 성당, 수많은 예술 작품과 유물이 보관 되어 있는 루브르 박물관과 오르세 미술관, 파리의 상징물인 에펠탑은 모두 센 강변을 따라 위치해 있다.

사람들은 참으로 많은 사랑을 나눈다. 오늘도 센강이 흐르는 미라보 다리에서 손을 잡고 입을 맞추며 사랑을 다짐한다. 그렇지만 영원히 내 앞에만 서 있으리라 생각하던 사랑은 사라진다. 끝내 마지막 말을 하지 못하고 한 조각 처량한 흑백사진으로 남은 여인이 다리 위에 서 있다. 누군가는 떠나고 누군가는 돌아오는 강가에서 사랑을 잃은 여인이 홀로 울고 있다. 진정으로 사랑한다는 것은 서로의 영혼과 몸살과 언어를 함께 나누는 것, 그들의 사랑의 맹세는 강물처럼 허무하게 가버리고 말았다. 세상에 영원이란 없다. 강은 푸푸 한숨을 내쉬며 어디론가 흘러간다. 한마디 위로도 없이 휘적대며 가는 강이 원망스러워 나도 한숨을 쉬며 뒤따른다. 모든 거짓 사랑은 가라! 저 강과 함께.

사람들은 진실한 사랑을 만나기 위해 오늘도 미라보 다리 위를 서성댄다. 메트로역 자벨에서 내리면 곧바로 미라보 다리다. 1896년에 완공된 폭 20 미터, 길이 173 미터의 아치형 다리다. 특별히 아름다운 것도 아닌데 왜 사람들에게 인기가 있는 것인가. 기욤 아폴리네르의 유명한 시 「미라보 다리」 때문이 아닌가 싶다.

미라보 다리 아래
센 강은 흐르고
우리 사랑도 흐르는데
다시 되새겨야 하는가
기쁨은 언제나
고통 뒤에 온다는 걸

밤이여 오라

종아 울려라

세월은 가도

나는 머무니

— 기욤 아폴리네르, 「미라보 다리」 일부

왜 아폴리네르는 이 다리를 배경으로 시를 썼던 것일까? 원래 로마 출생의 아폴리네르는 19세 때 파리로 이민 와서 가난한 예술가들이 모여 살던 몽마르트르 언덕에 터를 잡는다. 그는 자유로운 삶을 즐기며 화가 파블로 피카소, 앙리 루소, 마르크 샤갈, 시인 장 콕토, 시인 앙드레 브르통 등과 어울리면서 아방가르드 운동에 참여하다가 피카소의 소개로 세 살 아래의 화가 마리 로랑생을 만나게 된다. 발랄하고 쾌활한 로랑생은 특유의 총명함으로 입체파 화가들에게 영감을 불어넣어 주던 몽마르트르의 뮤즈였다. 파리의 중류층 가정에서 태어난 그녀는 어머니와 함께 몽마르트르 근처의 샤펠가에 살다가 아폴리네르를 만나게 됐다. 둘은 빠르게 가까워졌고 서로의 예술에 대한 찬미자가 됐다. 그러나 언제나 간절한 사랑은 쉽게 이루어지지 않는 법이다. 아폴리네르는 세계일차 대전에 참여했고, 그 휴유증으로 38세의 나이로 세상을 떠났다. 떨어지는 유성처럼 잠시 스쳐가는 것이 인생이기 때문에, 인생과 사랑을 안다고 말하지 마라. 우리가 인생을 모르듯이 사랑을 알 수 없다.

모두 다리를 건넌다. 다리 난간에 의지해 다리 아래로 흐르는 강을 바라본다. 시간의 다리, 사랑과 이별의 다리, 시와 노래의 다리, 로랑생과 아폴리네르의 사랑을 바라본다. 어찌 다리에는 이들의 사랑뿐이겠는가. 다리 위에 슬픔이 섰다. 다리 아래에는 오늘의 강물이 흐른다. 내일은 내일의 강물이 온다. 다리 아래를 지나는 강물은 침묵하며 흘러간다. 세월이, 말들이, 저 흐르는 물과 똑같다. 강물은 침묵하면서도 수런댄다. 그렇지만 우리는 아무런 말도 할 수 없고 아무 것도 보낼 수 없다. 슬픈 것은 이별의 침묵이다. 만나고 또 헤어지는 강물 같은 하루를 살아가야 한다는 것은 슬픈 일이다.

애절한 사랑 이야기가 담겨 있는 다리들, 세계 최대의 소장품을 자랑하는 루브르 미술관, 역사 깊은 대학, 예술의 향기가 가득한 몽마르트르 언덕, 에펠탑, 노트르담 대성당, 베르사유 궁전, 시테 섬, 파리를 상징하는 이런 장소들은 대부분 센강을 따라 자리잡고 있다. 센강은 파리를 남북으로 구분하는 도시의 젖줄이다. 강을 따라 조성된 역사적인 유적지는 말할 것도 없고 크고 작은 상점들이 모여 있는 골목과 노점상에서 사람들은 만나고 그곳에서 예술과 문화가 이루어졌다. 예술의 도시 파리는 전체가 거대한 박물관이라고 해도 결코 과장이 아니다.

파리에 가면 자주 들르는 곳은 노트르담 대성당이다. 파리 센강변의 시테 섬 언덕에 자리한 노트르담 대성당은 13세기 중엽에 완성됐으나, 공사가 계속 이어져 18세기 들어서야 지금의 모습을 갖추게 되었다. 성당의 정면에 서면, 하늘을 찌를 듯한 중세 고딕양식의 대표적인 건축 양식은 보는 사람들을 압도한다. 프랑스 혁명을 알리면서 바스티유감옥을 습격한 혁명 당원들은 이 성당에서 찬송가 '테 데움'이 울려 퍼지도록 했다. 이런 역사적 사실을 보다 구체적으로 보여주며 유명하게 만드는 것은, 바로 이곳이 1831년 프랑스 작가 빅토르 위고가 발표한 장편 소설『노트르담 드 파리』의 배경이라는 사실 때문이다.

작품은 추한 외모로 태어나 노트르담 대성당의 종지기로 살아가는 콰지모도와 그가 사랑한 아름다운 집시 여인 에스메랄을 통해서, 욕망에 사로잡혀 파멸하는 성직자를 위시한 당시의 다양한 인간 군상과 혼란한 사회상을 묘사하고 있다. 작가는 이 소설에서 허물어져가는 노트르담 대성당과 파리라는 도시를 배경으로 무지와 탐욕이 순결한 영혼을 파멸시키는 비극적 과정을 그리고 있다.

빅토르 위고는 노트르담 대성당에서 태어날 때부터 정해진 피할 수 없는 운명이라는 의미의 '숙명'이라는 글씨를 발견하고, 이 소설을 썼다고 한다. 작품에서 '숙명'이란 누구의 운명을 말하는 것일까. 우리 인간에게는 제각각 주어진 숙명이라는 것이 존재한다. 이 세상에 차별도 희생도 없는, 모두가 평등한 세상이란 존재할 수 없는 것이며, 콰지모도와 에스메랄의 비극적 결말은 정말로 피할 수 없는 숙명에 의한 것인가. 어차피 인간의 운명이란 시지프스와 같은 것이며 세상을 안다는 것은 신들이 정해준 운명을 따라야 하는 것인지 모른다. 신들은 세상을 사랑하는 인간을 질투하여 시지프스로 만들었다면, 인간은 오늘도 돌을 올리고 또 올려야 한다. 그러다 보면 우리 앞에 놓여진 공간과 시간을 초월해서 살아남아야 한다는 싸늘한 실존밖에 없다.

우리의 삶은 끝없는 배회의 연속이다. 멀리 떠났던 사람들은 돌아오고 그들은 다시 떠난다. 우주의 끝까지 달려갔다가 다시 돌아와 침묵하고, 우주에 굉음이 일어나면 나의 침묵도 깨어진다. 떠남과 돌아옴의 이 거침없는 싸늘한 실존의 배회, 무엇엔가 상처받은 영혼들이 절뚝이며 걸어간다. 그리고 눈앞에서 흐르는 센강에서 역사와 사랑을 응시한다.

인류 역사에서 가장 위대한 혁명이라는 프랑스 혁명도 실존을 위한 배회에서 생긴 것이 아닌가. 혁명은 "인간은 태어나면서부터 자유와 평등의 권리를 가진다."라는 자유 · 평등 · 박애의 정신으로 출발하며, 모든 인간은 무엇으로도 침해받을 수 없는 신성한 권리를 가지고 태어난다는 사실을 분명히 하였다. 이미 수세기 전에 설파됐던 프랑스 혁명의 위대한 정신과 『노트르담 드 파리』에서와 같은 인간과 사회에 대한 작가의 탁월한 통찰과 전망에도 불구하고, 21세기 오늘날까지 이 세상 곳곳에서는 온갖 불평등과 억압에 의해 민중들은 질곡과 고통의 삶을 살아가고 있다.

센강은 우리의 이루어질 수 없는 사랑과 질곡 속에서 살아가야 하는 삶의 운명을 내려다보며 오늘도 저 혼자 흐르고 있다.

빈센트 반 고흐의 강

— 프랑스 아를의 론강

프랑스 남부 도시 아를을 방문했다. 그곳에 간 것은 전적으로 화가 빈 센트 반 고흐를 추억하기 위해서였다. 아를은 고흐가 사랑한 마을이다. 그가 서성대던 카페, 병원, 골목길에도 고흐의 흔적이 내려앉았다. 세상과 불화하며 떠난 비운의 화가를 부둥켜안은 쪽은 어쩌면 아를이었는지 모른다.

인구 약 6만명 정도의 작은 아를이지만 유럽에서 가장 아름다운 도시의 하나로 론강 하류 좌안에 면해 있다. A. 도데의 희곡 『아를의 여인』, G. 비제의 가곡에 의해서도 널리 알려져 있다. 시가지에는 고대의 성벽 자리를 나타내는 고리 모양의 도로가 나 있고, 이곳 사람들은 아직도 전통적인 지방색을 살리며 살아가고 있다.

론강은 길이 약 810km. 유역면적 약 10만㎢. 스위스의 이탈리아 국경에 가까운 알프스 산중에 있는 론빙하에서 발원하여, 베르너알프스와 바른알프스와의 사이의 발레 지방을 서쪽으로 흘러 레만호湖로 흘러든다. 호수 남서부에 있는 제네바 부근에서 레만호를 흘러나와 프랑스령領으로 들어가서 서쪽으로 흘러, 쥐라산맥에 협곡을 이루면서 횡단하다가 다시 우회해서 리옹에 이른다. 중요한 것은 론강 없이 천재 화가 고흐를 생각할 수 없고, 고흐를 생각하면 론강이 생각난다는 사실이다. 〈별이 빛나는 밤〉은 바로 아를의 론강가에서 창작되어 세계적인 불멸의 작품이 되었다. 정신병을 앓고 고흐에게 밤하늘은 무한함을 표현하는 대상이었다.

아를에서 며칠을 보내면서 밤낮으로 고흐를 만났다. 카페에서 길모퉁이에서 정신병원에서 강변에서 고흐의 상처와 예술혼은 그대로 살아남아 있었다. 위대한 예술작품은 한 사람이 남기는 것이지만, 그것은 두고두고 역사가 되어 남는다. 아를의 뒷골목을 배회하면서 천재는 천재다운 삶을 산다, 예술은 죽음으로 완성된다, 위대한 예술가는 저 너머의 또 다른 세상을 꿈꾸는 자들이라는 생각이 절로 들었다.

고흐는 1853년 네덜란드에서 출생하여 프랑스에서 사망했다. 네덜란드 시절에는 어두운 색채로 삶의 고통을 주제로한 그림을 주로 그렸으나 파리에서 공부하면서 인상파와 신인상파의 영향을 받는다. 목사 아들로 태어난 그는 젊은 시절부터 기행을 일삼아 창녀와 사랑에 빠지기도 했고, 전도사가 되어 보리나주 탄광촌에 가서 가난한 광부를 돕겠다고 하기도 했다.

오래전부터 화가들의 공동체를 꿈꾸어온 고흐는 아를에서 '노란 집'을 마련하여 고갱을 초대한다. 여기서 고흐와 고갱은 함께 살며 작품에 대한 논쟁을 벌이기도 하고 작품 제작에 몰입하기도 했다. 그러나 고갱과 빈번히 성격 충돌을 일으켰고 서로를 불신하게 되자, 크리스마스를 이틀 앞두고 고흐는 스스로 버림받았다고 생각하여 격분을 이기지 못해 자신의 왼쪽 귀를 면도칼로 잘라버린다. 이 사건을 계기로 고갱은 파리로 떠났고, 고흐는 정신병원에 입원하게 된다. 그후 1890년 봄, 파리 근교의 오베르 쉬르 우아즈에서 37살의 나이로 권총 자살을 하고 만다.

비극적일 정도로 짧은 생애였던 고흐의 삶은 항상 현실적이기보다는 비현실적이었다. 비현실주의자의 삶은 언제나 비합리적이고 비논리적이다. 고흐의 삶이 그렇듯이 그들은 흔히 기준에서 벗어난 생각을 하거나 상식에서 벗어난 비행을 저지른다. 사랑하지 않아야 할 사람을 사랑하고, 지나치게 욕망적이며 무리한 꿈을 꾸며 삶을 영위한다. 진짜 인간다운 삶은 현실적인 것인가 비현실적인 것인가. 어느 삶이 진정으로 가슴을 뛰게 하고 전율케 하는 것인가. 고흐는 대지를 바라보고 있었지만 끊임없이 하늘을 향해 솟구치는 불길처럼 치열하고 불꽃 같은 삶을 살았던 예술가였고, 이것이 그의 예술적 삶을 가능하게 했다.

위대한 예술가들에게 우리는 흔히 '천재'니 '대가'라는 말을 사용하지만, 재능만으로 대가나 천재가 된 사람은 없다. 예술은 정해진 법칙이나 고정된 개념이 아니라 오히려 화석화된 표준을 깨고 나아가는 저항이다. 미지의 우주를 떠돌며 새로운 존재들을 발견하고 세상을 새롭게 구성해가는 실천이다. 그런 예술이야말로 우리의 삶과 세상을 생동하고 신선하게 만든다. 진정한 예술가란 어둠의 세상에서 빛을 찾아 헤매는 사람이다. 고흐야말로 어둠에서 빛을 찾고자 한 예술가이다.

고흐에게 밤하늘은 무한함을 표현하는 대상이었다. 아를에서 제작된 〈별이 빛나는 밤〉 〈밤의 카페 테라스〉나 〈론 강 위로 별이 빛나는 밤〉에서도 별이 반짝이는 밤의 정경을 다루었다. 그가 그린 밤하늘에는 언제나 구름과 대기, 별빛과 달빛이 폭발하듯 쏟아지고 있다. 황량하고 짙은 파란색 하늘은 세상의 종말을 연상케 하고, 그 위로는 구름이 소용돌이치며 떠 있다. 달과 별의 둘레에는 뿌옇게 달무리가 퍼져있다. 그는 "별을 보는 것은 언제나 나를 꿈꾸게 한다." "우리는 별에 도달하기 위해 죽는다."고 했다. 우리는 별에 가기 위해 사는 것일까, 아니면 별에 가기 위해 죽는 것일까.

고흐의 불꽃같은 예술적 열망과 삶에 대한 뜨거운 투쟁의 기록은 동생 테오에게 보낸『영혼의 편지』에 잘 기록되어 있다. "쓸모없는 사람", "새장 속에 갇힌 새", "나는 개다"라는 극단적 표현들이 편지에 빈번히 등장한다. 복잡한 내면과 힘겨운 삶에 대한 기록인 고흐의 편지에서 나타나는 두 가지 주제는 힘겨운 삶과의 고투, 예술에의 끝없는 열정과 집착이다. 그는 언제나 자신의 삶과 예술에의 고뇌를 한시도 벗어나지 않은 작가였다. "내가 표현하고 싶은 것은 감상적이고 우울한 것이 아니라 뿌리 깊은 고뇌다. 내 그림을 본 사람들이, 이 화가는 정말 격렬하게 고뇌하고 있다고 말할 정도의 경지에 이르고 싶다."고 고흐는 말했다. 자신의 예술에 대한 깊은 고뇌의 경지에 이르고 싶다는 고흐, 우리는 이런 삶과 예술에 대한 고뇌의 깊이에 어떻게 이를 수 있을까.

세상과 사랑에 빠진 예술가는 색채와 소리와 언어를 자기의 방식으로 해석하고 표현한다. 화가는 세상이 만들어낸 형태와 색채에, 음악가는 세상의 소리에, 작가는 세상의 언어에 민감하게 반응한다. 다른 사람들이 그냥 지나쳐버릴 무의미한 형상 하나, 소리 하나, 언어 하나도 세상을 사랑하는 예술가의 눈에는 특별한 모습과 기호로 다가온다.

예술을 한다는 것은 단지 무언가를 표현하기만 하는 것이 아니라, 그 표현을 통해 다른 사람들과 소통하고, 세상과 다른 방식으로 만나고, 삶을 새롭게 변화시키는 행위다. 위대한 예술은 세계를 담고, 사람의 마음을 움직이고, 어두운 삶을 밝고 긍정적으로 나아갈 수 있게 소용돌이를 일으킨다. 진정한 예술이 사람과 세상과 소통하고 교감할 수 있는 힘이라 한다면, 미술이나 음악이나 문학 같은 예술을 통한 공감보다 더 깊은 것이 어디 있겠는가. 예술이란 바로 인간과 세상과의 사랑에 빠지는 것이다.

"당신의 빛이 세상을 비추게 하라. 나는 이것이야말로 모든 화가들의 의무라고 생각한다."고 고흐는 쓴다. 또한 "사람들이여, 목적을 위해 당신의 영혼을 바치시오. 그리고 가슴으로 일하고 사랑하는 것을 사랑하라."고 외친다. 사람들은 특별한 삶을 산 고흐를 '미치광이'로 취급했다. 그러나 그는 미치광이가 아니다. 오히려 세상과 예술을 미칠 정도로 사랑한 사람일 뿐이다.

고흐가 그토록 사랑하던 아를의 뒷골목 '노랑집' 근처의 카페는 세상과 예술을 사랑하는 사람들로 밤새 북적였다.

이별의 강, 눈물의 강

— 리스본의 테주강

강은 바다로 흐른다. 모든 오욕의 이름과 환멸의 역사를 버리고 강은 바다로 바다로 빠져든다. 리스본의 테주강도 대서양의 끝자락에서 바다로 자신의 마지막 몸을 던진다. 테주강이 바다로 흘러들며 잠시 머뭇거리고 슬퍼하는 지점, 그곳에 리스본이라는 도시가 자리 잡고 있다. 리스본에서 테주강은 대서양을 만나고, 강은 바다의 다른 이름이 된다.

날이 저물고 낮이 밤으로 몸 바꾸어가는 시간 속에서 나는 강변을 서성이고 있었다. 낯선 곳을 배회하고 있는 여행자에게 스며드는 여수旅愁가 어둠과 함께 옷깃을 헤집고 들어왔다. 밀려오는 어둠의 정적 속에서 초저녁잠에 취했던 별들이 하나둘 깨어나 수런거린다. 김이 무럭무럭 피어나는 강물은 돌이킬 수 없는 아득함과 그리움을 떠올리며 부르르 전율하고 있다. 테주강 위로 어둠이 서서히 드리워진다. 가장 어두운 시간은 바로 여명의 시간이라는데, 그래 갈 수 있을 때까지 가보자, 한 번뿐인 인생이니까. 조금이라도 밝았을 때 다가가야 진짜 인생의 모습을 볼 수 있을 것이다.

포르투갈이라는 나라에 대한 내 생각은 그다지 밝지 못했다. 오래전에 본 영화「미션」에서 남미 이구아수폭포 상단의 원주민 과라니족들과 예수교도들을 무자비하게 살육하던 포르투갈 제국주의자의 모습이 너무나 강렬하게 남아있기 때문이다. 인류역사상 언제나 그랬듯이 제국주의자들은 '문명과 개발'이라는 이름을 빌려 순진무구한 원주민들에게 무자비하게 폭력과 수탈을 저질렀다. 나는 영화 속에서 포르투갈인들이 저지르던 잔혹성과 야만성을 바라보며 치를 떨었다.

포르투갈에 대해 가지고 있던 나쁜 이미지는 그곳을 방문한 이후로 달라졌다. 리스본에 머물면서 도시의 뒷골목을 여기저기 방문하고, 그때 '파두(Fado)'라는 음악을 듣게 되면서 이 나라와 사람들에 대한 인상은 완전히 바뀌게 되었다.

파두를 듣기 위해 사람들은 어둠 속에서 야간열차를 타고 스멀스멀 리스본으로 몰려왔다. 파두는 라틴어로 '운명'이라는 말이다. 운명이라는 말을 들으면 왠지 엄숙하고 장엄한 느낌이 든다. 운명, 내 삶에 닥친 모든 일은 의도도 원인도 방향도 알 수 없는 채로 순전히 보이지 않는 손길과 힘으로 움직이는 것인가. 때로 불행과 슬픔이 거대한 해일처럼 밀려와 우리를 덮칠 때도 모든 것을 그저 운명의 탓으로 돌리고 그냥 따를 수밖에 없다. 그때 내가 할 수 있는 일이란 기껏 대서양 먼바다의 오래된 희미한 등대 불

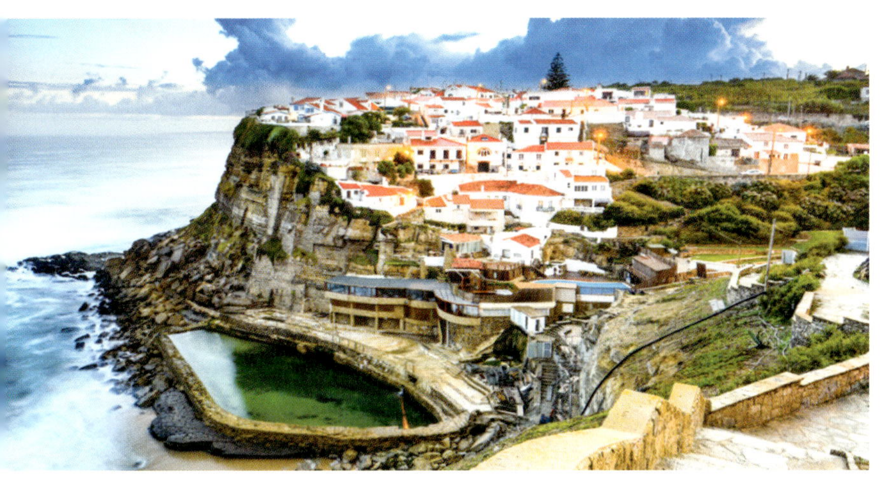

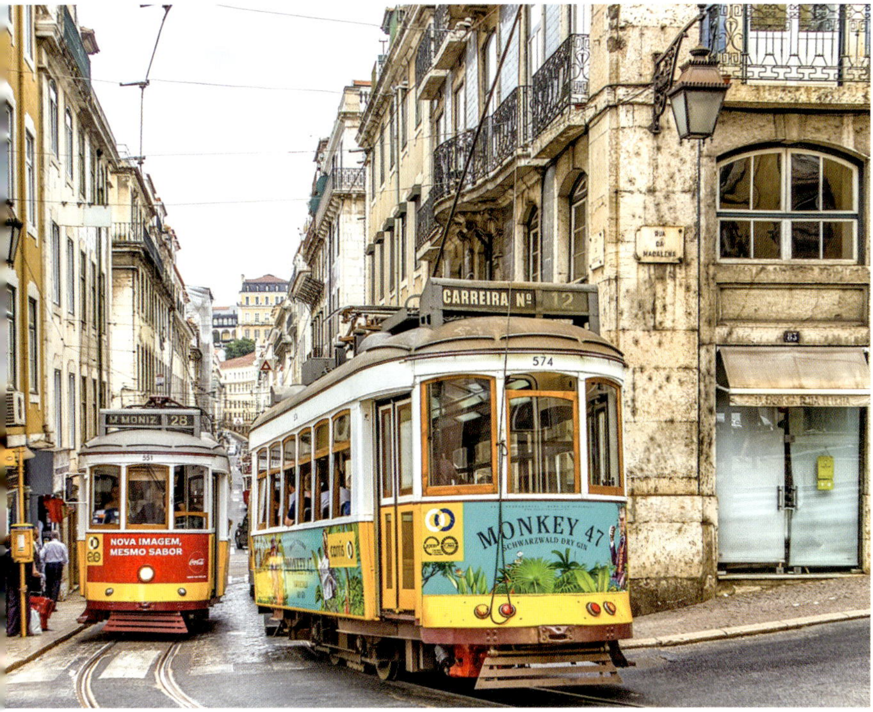
CARREIRA Nº 12
574
MONKEY 47
SCHWARZWALD DRY GIN
NOVA IMAGEM,
MESMO SABOR
28

빛을 그냥 묵묵히 바라보는 일뿐이다. 리스본행 야간열차를 타고 어둠 속을 달리는 거와 같이, 사람을 만나고 사랑을 나누고 기뻐하고 슬퍼하고 헤어지며 살아가는 일이 모두 운명의 힘에 의한 것이라고 생각하는 것은 슬픈 일이다.

리스본 사람들은 밤거리 뒷골목에 모여 파두를 부른다. 그리움과 기다림의 이름으로 파두! 파두!를 노래한다. 영화 「미션」에서 눈물 한 방울 없이 그렇게 무자비하고 잔혹하던 사람들은 눈물이 많았다. 파두를 부르고 들으면서 하염없이 눈물을 흘린다. 참회의 눈물, 그리움의 눈물, 기다림의 눈물, 대서양은 포르투갈 사람들이 만든 눈물바다이다. 바다에는 돌아오는 사람보다는 떠나는 사람이 더 많다. 그 옛날 사람들은 바다가 세상의 끝인 줄 알면서도 영원히 돌아오지 못할 길로 떠났다. 리스본에는 떠남과 기다림이 출렁대고 있었다. 리스본을 떠난 사람이 다시 그곳으로 돌아올 때 가지고 온 것이 파두이다. 파두는 메아리가 되어 강과 바다를 넘나든다.

리스본은 그리스 신화의 영웅 오디세이가 세웠다고 전해진다. 운명처럼 트로이 전쟁에 참여하고 또 운명처럼 고향으로 돌아오지 못하고 바다를 떠돌던 오디세이, 리스본은 오디세이를 닮은 도시다. 이 도시의 좁은 골목길 사이로 내리는 어둠은 테주강처럼 깊고 검푸르다. 도시 곳곳에 자리 잡은 선술집에서는 검은 옷을 입은 가수들이 애절한 목소리로 파두를 부른다. 청승맞은 음색으로 이베리아반도 끝자락에 드리운 자신들의 운명을 노래한다. 바다를 따라 떠돌다 리스본의 골목에서 가난한 일생을 엮어가는 뱃

사람들은 자기 삶의 회한을 노래한다.

테주강과 대서양을 바라보면서 그들은 미지의 땅을 향해 떠났다. 그들이 떠난 자리에는 눈물꽃이 피었다. 리스본 사람들의 기다림과 그리움을 담은 노래 파두는 어둠 속에서 도시의 밤을 흔들어 깨운다. 파두는 밤새 칭얼거리는 파도처럼 절절하게 불면의 밤을 보내는 사람의 귓전으로 파고든다. 자신에게 운명의 굴레와도 같은 바다와 함께 리스본 사람의 한이 담긴 노래 파두는 메아리가 되어 리스본의 뒷골목으로 울려 퍼진다.

사람들은 바다를 향해 그리움의 노래를 부른다. 바다는 세계 어디서나 많은 사람에게 특별한 영감을 준다. 바다를 삶의 터전으로 살아야 했던 항구 도시의 사람들에게 바다는 곧 운명이었다. 그들은 영욕의 세월 속에서 바다를 보면서 인생의 기쁨과 슬픔을 노래하고 희망과 절망을 터득했다.

바다로 떠난 사람은 고향을 그리워했고, 남은 사람은 떠난 사람을 기다렸다. 포르투갈 사람은 새로운 미지의 땅을 향해 길고 긴 항해를 떠났다. 떠난 이는 고향에 대한 향수와 무거운 고독감을 이겨야 했고, 그 뒤에는 오디세우스의 아내 페넬로페같이 남은 여인들의 기나긴 기다림과 삶의 아픔이 우두커니 남아있다. 그들에게 바다는 삶이자 숙명과도 같은 것이었다. 파두는 바다에 기대어 숙명처럼 살아가던 포르투갈 사람들의 그리움과 기다림의 노래이고, 강과 바다를 향해 부르는 운명의 노래였다.

아말리아 로드리게스는 파두를 신들린 듯 정열적인 창법으로 부른 포르투칼 출신의 가수이다. 그녀는 포르투갈 최고의 훈장을 받았으며, 그녀가 죽자 3일간 국가 공식 애도기간을 가졌을 정도라고 한다. 아말리아 로드리게스의 대표적인 파두는 '바르코 네그로(Barco Negro 검은 돛대)'라는 곡이다. 바다를 여행하는 사람에게는 바다가 낭만적인 대상일 수도 있겠지만, 바다를 삶의 터전으로 삼고 있는 사람들에게는 바다는 결코 낭만적인 곳이 아니다. '검은 돛대'는 배를 타고 나간 남편을 기다리다가 돌아오지 않는 남편 때문에 미쳐버린 여인의 한을 다룬 음악이다.

바닷가 마을에 한 부부가 가난하지만 서로 사랑하며 살고 있었다. 어느 날 고기잡이 떠난 남편이 돌아오지 않자 아내는 그날 이후 매일 바닷가에 나가 아득한 수평선을 바라보며, 남편이 돌아오기만을 기다리고 또 기다렸다. 그러던 어느 날 아내의 눈에 수평선 너머로 무엇인가가 보인다. 그것은 분명 남편의 배였다. 오랜 기다림에 지칠대로 지쳐버린 아내의 눈에 눈물이 돌았다. 점점 가까워 오는 남편의 배, 그러나 그 배에는 '검은 돛대'가 달려 있다. 아말리아는 노래한다.

바로 당신이 그 뱃전에서
나에게 손짓하고 있는 것을 보았다.
그러나 바닷가의 노파들은 말한다.
당신은 영원히 돌아오지 않을 것이라고.
미친 여자들이야. 미친 여자들이야.

난 나의 사랑을 알고 있다.
당신이 떠나가 버린 것이 아니란 것을.

그래서 사람들은 당신이 언제나
나와 함께 있다고 말한다.

리스본의 뒷골목에는 영욕의 역사가 겹겹이 쌓여있다. 세상의 모든 언덕과 비탈이 모두 모여 있는 것 같은 리스본에서는 걷는 게 고역이고 사는 게 노역같이 느껴질 때가 많다. 오늘도 그 비탈길 위로 힘들고 고달픈 길을 걷는 사람에게 파두는 희망의 복음같이 들려온다.

드넓은 바다로 건너갔다가 다시 돌아온 노래 파두, 사람들은 영혼을 뒤흔드는 아말리아 로드리게스의 목소리에서 삶의 희망과 절망을 느낀다. 리스본의 뒷골목에서는 오늘도 파두의 노랫소리가 환몽처럼 들려온다. 지금도 내 귓전에 애절하게 들려오는 아, 파두! 파두! 오늘도 파두 소리는 테주강과 대서양을 넘나들며 사람들에게 꿈과 희망을 주고 있다.

음악이 흐르는 강
— 비엔나의 도나우강

도나우강은 독일어식 이름이며. 영어식 이름은 다뉴브강이다. 도나우강은 독일 서남부에서 발원하여 독일-오스트리아-슬로바키아-헝가리-크로아티아-세르비아-불가리아-루마니아-몰도바-우크라이나를 지나 흑해로 들어간다. 무려 열 나라를 거치면서 2,800km를 유장하게 흐르는 유럽의 젖줄이다. 도나우강이 가장 아름답게 흐르고 있는 도시는 오스트리아의 비엔나와 헝가리의 부다페스트라 할 수 있다.

1866년 오스트리아는 프로이센과의 전쟁에서 패배했고 그로 인해 국민들은 낙담한 분위기가 생기게 되었다. 그전까지 제국의 중심으로 대단한 자부심을 가지고 있었던 시민들은 급격히 우울해졌다. 당시 비엔나에서 활동한 작곡가 요한 슈트라우스 2세는 사람들에게 위안을 주고자 「아름답고 푸른 도나우」를 만들었다.

그래서 이 곡은 오스트리아 국민들의 마음속에 깊이 남아 오스트리아를 상징하는 곡이 되었다. 이 왈츠곡은 매년 1월 1일 전 세계에 방영되는 비엔나 필하모니의 신년음악회의 마지막을 장식하는데, 이 곡을 듣는 전 세계 사람들은 설레는 마음으로 세련되고 귀족적인 기품이 흐르는 비엔나를 동경하게 한다.

도나우강은 비엔나를 관통하는 도시의 젖줄이다. 비엔나 사람들은 도나우강의 아름다움을 찬양하면서 밝고 희망찬 음악과 함께 살아왔다. 음악에는 언어의 장벽이 없다. 그러면서도 우리의 내면에 큰 울림을 주며 영향을 미친다. 언어가 가진 어떤 어휘와 문법도 없이 곧바로 우리의 무의식으로 파고 들어온다. 좋은 음악을 듣다 보면 나도 모르게 옛 기억이 떠오르기도 하고, 슬픔과 기쁨의 감정에 휩싸이기도 한다. 무슨 음악을 듣는 순간부터 우리는 행복해질 수 있고 더 나은 감정으로 고양될 수 있다. "예술은 인간 영혼의 표현"이라는 말이 있지만, 우리의 영혼을 표현하는 가장 강력한 수단은 음악일 수 있다. 인간 영혼을 표현하는 방법은 미술이나 문학이나 영화일 수 있지만, 음악이라는 예술이 갖는 아름다운 선율과 진동은 인간이 지닌 무의식의 세계를 발굴하고 승화한다. 이때의 예술은 우리의 삶에 다양한 의미를 부여하며, 영혼의 가장 깊은 곳까지 탐험하게 하는 낯선 세계로의 여행이다.

비엔나는 모차르트, 슈베르트, 요한 슈트라우스 2세 등 최고의 음악가들을 배출한 세계적인 음악의 도시이다. 특히 여름이면 유명 콘서트홀에서는 물론 거리와 공원에서도 실내악과 같은 가벼운 연주가 곳곳에서 이루어진다. 쇤부른 궁전의 오랑주리 홀에서 모차르트와 요한 슈트라우스의 작품을 유명 오케스트라가 연주한다. 어두운 유럽의 밤 속에서 아름다운 선율의 연주회를 결코 잊을 수 없다. 그곳은 바로 합스부르크 왕가 시절부터 음악 공연이 열렸던 유서 깊은 장소로 모차르트와 살리에르가 대결을 펼쳤던 곳이기도 하다.

각박한 삶을 살고 있는 현대인에게 음악은 '비움'과 '쉼'과 같은 여유로운 삶의 태도를 가르친다. 오직 빠르고 여유없는 사람들에게 삶과의 '거리두기'를 가르쳐주는 것이다. 병든 현대 인간의 영혼을 치유할 수 있는 것은 음악인지도 모른다. 음악은 우리의 감정과 영혼을 안정되게 한다. 음악은 누군가에 대한 그리움을 만들어내고, 향수에 젖어 우리의 마음을 젖게 하고, 최고의 평화로운 시간을 갖게 한다. 비엔나에서는 길거리에서 오가는 사람들만 바라만 보아도 따뜻해진다. 그들은 모두 변함없이 음악을 좋아하는 사람들이다. 표정이나 나이와 관계없이 한곡의 음악을 들으며 깊은 친구가 된다. 생각만으로 가슴이 뜨거워지는 사람, 어디선가 만난 적이 있는 것 같은 사람, 이런 공감을 나눌 수 있는 것은 음악의 힘 때문이다.

비엔나는 세계에서 가장 살기 좋은 도시 중의 하나로 손꼽힌다. 그 가장 큰 이유의 하나는 음악을 비롯한 불멸의 예술이 가는 곳마다 자리하고 있기 때문일 것이다. 한 발짝만 내디뎌도 고색창연한 건물에서 진귀한 예술품을 음미하면서 여유롭게 커피를 마시는 사람들로 가득찬 곳이 비엔나다. 어디를 가나 황홀한 예술적 감성으로 사람들을 빠져들게 하는 거리와 건물들이 줄지어 있다. 클림트, 다비드, 그리고 에곤 실레의 그림을 감상할 수 있는 벨베데레 미술관, 오페라 하우스와 미술사 박물관 그리고 아름다운 정원과 내부를 지닌 쇤부른 궁전까지…. 시내로 들어가면 오스트리아의 전성기를 보여주는 건물들을 어디서나 만날 수 있다. 주요한 건물들은 유럽 최대의 왕실 가문 합스부르크가의 여성 통치자인 마리아 테레지아 여제가 좋아했던 황색으로 이루어져 있다. 저녁 노을이 드리워지는 석양에는 여제가 좋아한 황색이 더욱 깊은 여수를 자아내게 한다. 합스부르크 왕조 시절 불멸의 제국으로 유럽에 군림했던 전성기의 영광은 이제 거리를 오가는 후손들의 마음속에 남아 있다.

황홀한 비엔나의 밤 거리 이곳저곳을 다니다 지치면 여행객들은 비엔나 커피를 찾는다. 그러나 비엔나에는 비엔나 커피가 없다. 비엔나 커피의 원래 이름은 아인슈패너 커피이다. 아메리카노 위에 하얀 휘핑크림을 듬뿍 얹은 커피를 말하는 비엔나 커피는 300년이 넘는 긴 역사를 지니고 있다. 차가운 생크림의 부드러움과 뜨거운 커피의 쌉싸래함, 시간이 지날수록 차츰 진해지는 단맛이 어우러져 한 잔의 커피에서 동시에 세 가지 이상의 맛을 즐길 수 있다. 옛날 마차에서 내리기 힘들었던 마부들이 한 손으로는 고삐를 잡고, 한 손으로는 설탕과 생크림을 듬뿍 얹은 커피를 마신 것이 오늘날 비엔나 커피의 시초가 되었다고 전한다.

「아름답고 푸른 도나우 강」이 인기를 끄는 곳은 오스트리아만이 아니다. 도나우강을 삶의 터전 삼고 살아가는 부다페스트에서도 이 곡은 큰 인기이다. 그러나 부다페스트의 아름다운 도나우강은 우리에게 슬프고도 아픈 기억으로 남았다. '아름답고 푸른 다뉴브 강'이라는 말이 무색하게 부다페스트의 머르기트 다리 아래에서 또 기막힌 사고가 일어났다. 애꿎은 수십 명의 생명을 앗아가면서 아름다운 강이 순식간에 죽음의 강으로 변했다. 강을 유람하던 배가 큰 유람선에 부딪히는 바람에 순식간에 배에 타고 있던 사람들이 희생되고 말았다.

강을 내려다보면서 많은 사람이 울고 있다. 대체 운명의 신은 왜 저렇게 수시로 참혹한 사고를 만들어 내는가. 모두 살아가고 있지만 죽음을 마주 보며 서 있다. 우리는 영원히 죽지 않을 사람처럼 큰소리치며 살아간다. 아니면 죽음은 언제 찾아올지 모르기에 아예 체념한 채 절망적으로 살아가는 것인지 모른다. 우리에게 희망이 있는가. 어느 순간 범람하듯 밀려오는 강물 같은 절망, 세상에 아름답고 소중한 것은 모두 소용없다는 것인가. 그렇게 체념하고 눈물지으며 살다가 떠나라는 것인가. 어느 강이 삶이고, 어느 강이 죽음인지, 강은 혼돈도 절망도 없이 푸르게 흐른다. 슬픈 음악과 함께.

르네상스의 발상지
— 피렌체의 아르노강

피렌체는 영어로는 플로렌스라고 불리우는 르네상스의 발상지이다. 로마 북서쪽 233km, 아르노강의 양안兩岸, 구릉과 선상지상에 있으며 근교의 아르노강 연변의 저지는 신흥공업지대로 상공업의 중심을 이룬다. 피렌체의 역사는 고대 로마의 명장 카이사르가 기원전 59년에 아르노 강 북쪽에 식민지를 세운 것으로부터 시작된다. 카이사르는 아르노 강에 식민지를 세우면서 보라색 꽃으로 뒤덮힌 이곳을 '꽃피는 마을'이란 뜻의 '플로렌티아'라고 불렀다. 피렌체가 영어로 '플로렌스'인 것도 여기서 유래한다

르네상스의 발상지답게 피렌체에는 아직도 그 옛날 르네상스 시대의 영광에 빛나는 예술과 건축이 그대로 남아 있다. 피렌체의 거리 곳곳에서는 그동안 수많은 예술가들이 나타나 위대한 예술품을 남기고 사라졌다. 오늘날의 피렌체를 가능하게 한 것은 바

로 이 위대한 인물들 덕분이라 할 수 있을 것이다. 그런데 이들을 후원하고 도와주면서 피렌체에서의 르네상스를 가능케 한 위대한 인물이 메디치가家 사람들이다. 거리를 걷다 보면 백합꽃과 환약을 본뜬 메디치가의 문장紋章이 자주 눈에 들어온다. 원래 약장사 출신이었다는 메디치가문에 의해 이 도시는 엄청난 예술적 발전을 이루었다. 1430년대 부터 메디치가는 막강한 경제력과 정치력을 바탕으로 피렌체를 장악할 수 있었다.

피렌체 시민의 자유에 대한 정열을 이용해 가면서 메디치가의 부와 대중들의 인기를 이용하여 피렌체를 지배한 것이다. 그런데 이들은 예술과 학문의 발전에도 돈을 아끼지 않아 외국에서 유명한 석학들을 초빙하는가 하면 예술가들에게도 전폭적인 지원을 아끼지 않았다. 13세의 미켈란젤로에게서 천재성을 발견하고 그에게 조각 공부를 시킨 것도, 라파엘로를 지원해 그 예술을 개화시킨 것도, 피렌체를 대표하는 꽃의 성보 교회 두오모에 쿠포라를 완성시킨 것도 메디치가 사람들이었다. 이 시대의 레오나르도 다빈치나 미켈란젤로 같은 천재 예술가들이 모두 메디치가의 보호 아래에서 피렌체에서 활약했다. 메디치가라는 거대한 모태母胎로부터 자양분을 제공받으며 나타난 위대한 예술의 시기 바로 르네상스 시대였다.

르네상스는 말 그대로 학문 또는 예술의 '재생' 혹은 '부활'이라는 의미를 가지고 있지만, 이같은 운동을 위해서 부자들과 권력자들의 의무와 역할을 다시 한번 인식하게 된다. 이른바 '노블리스 오블리제'란 원래 '귀족의 의무' 라는 의미를 지니고 있다. 한 사람이 사회의 상류층이 된데는 기본적으로 타고난 노력에 의한 것이지만 상류층으로서의 여러 가지 혜택을 누리는 데에는 기본적으로 하류층이 있기 때문에 가능했다. 못사는 사람이 있기에 잘사는 사람이 있듯이, 가진 자는 반드시 그에 대한 책임과 의무를 다해야 사회적으로 약자나 빈곤층에 대한 나눔과 기부를 행해야 하는 것은 당연한 일이다. 이런 의미에서 메디치 가문이 르네상스의 발흥을 위해서 끼친 영향은 너무나 지대한 것이라 할 수 있다.

르네상스는 위대한 천재들이 만들었지만, 피렌체를 르네상스의 발상지로 만든 사람은 다름아닌 피렌체 사람들이다. 이 위대한 도시에 이끌려 숱한 예술가들이 이 거리를 찾아 왔지만, 이들보다도 더욱 피렌체를 사랑하면서 르네상스를 꽃피웠던 것은 피렌체 사람들이다. 피렌체 사람들은 신랄한 비평가로서 저명한 예술가들이 가장 두려워했던 존재들이다. 그들은 르네상스의 개화를 저변에서부터 지지했다. 피렌체가 위대한 르네상스 문화를 꽃피운 것도, 그렇게찬란했던 문화를 종식시킨 것도 시민들의 문화적 안목과 비평이 있었기 때문이라 할 수 있다.

피렌체를 영광스럽게 만들어 주는 아름다운 두오모는 강렬한 여름 태양 아래에서 더욱 찬연하게 빛나고 있다. 아르노 강의 석양은 황금색으로 빛나고 고색찬연한 거리와 르네상스의 유품은 인류를 새로운 길로 이끈 르네상스라는 위대한 꿈과 영광을 낳았다. 피렌체에서 가장 오래된 다리라고 하는 아르노 강에 걸린 베키오 다리는 르네상스의 영광과 함께 서서 오늘도 무심한 세월을 지키고 있다. 세계 2차대전 때 곳곳이 파괴되었지만 이 다리만 폭격되지 않았다. 1938년 히틀러가 피렌체 우피치 박물관을 방문하고 이 다리는 폭격하지 말라고 명령했다는 설이 있다.

항상 많은 사람이 휴식하거나 오가는 두오모 광장은 시의 중심지에 있다. 광장 옆에 그 옛날 르네상스 시대 피렌체의 당당한 위용을 뽐내는 듯 웅장하게 서 있는 것이 대성당 두오모이다. 두오모의 오른쪽으로 피렌체의 젖줄인 아르노 강에 걸린 베키오 다리까지의 오백미터 내에는 시뇨리아 광장, 베키오 궁전, 우피치 미술관 등이 도열하고 있다.

위대한 문화이든 역사이든 중요한 것은 이들을 기억하는 일이다. 삶에서 기억되지 못하는 역사와 문화가 무슨 의미가 있을까. 꽃이 피는 일도 꽃이 지는 일도 모두 기억될 때 아름다운 것이다. 기억은 실체도 없고 흔적도 없는 것이니까 중요하지 않은 것일 수도 있다. 망각되어 쓱쓱 지워지고 잊혀지면 그만이다. 그렇지만 우리는 잊지 못할 기억에 사로잡혀 밤잠을 이루지 못하며 시간을 저당 잡힌 채 살아간다. 가슴 속에서 아무리 지워내고자 해도 지울 수 없는 기억 때문에 몸부림치는 마음은 얼마나 큰 고통인가. 실체 없는 기억에 매달리면서 그것을 현실에 연장시키는 것은 어리석은 일이다.

그러나 기억은 한 사람의 생애와 운명을 바꾼다. 프로이트는 기억을 매우 중시한 사람이어서 기억의 흔적이 표면상으로는 보이지 않아도 그 깊은 곳에는 남아 있다고 했다. 지워진 것 같지만 마음 저 밑바닥에 남아 있는 그것을 프로이트는 '기억의 근원'이라고 했다. 우리가 한번 본 것을 평생동안 간직하면서 잊을 수 없어서 수만 개의 꽃으로 피워낸다면 누가 그 기억을 허망한 것이라고 할 수 있을까. 기억은 때로 위대한 예술을 만들고 위대한 사상을 만들 수 있다. 단테가 그랬다.

아르노 강의 여러 다리들 중 가장 오래된 다리인 베키오 다리에는 단테와 베아트리체의 슬픈 사랑 이야기가 깃들여 있다. 다리는 특별한 의미를 담고 있지만 다리 위에 올라서면 그냥 상점이 가득한 평범한 거리가 나타나 실망하게 된다. 단테가 9살에 처음 만나 첫눈에 아름다움에 사로잡혀 죽을 때까지 사모하고 찬미한 베아트리체에 대한 기억, 그녀에게 바쳐진 『신곡』은 영적인 나들이인 동시에 세상을 관통하는 기억의 여행이다. 그 여행은 지옥에서 시작하여 연옥을 지나 마침내 천국에서 하느님을 마주함으로써 공간과 시간을 초월하여 떠다니던 영혼의 방황이다. 『신곡』을 썼던 단테의 당시 나이는 35세였다.

작품은 단테 자신이 하나님의 은총으로 베르길리우스와 베아트리체의 도움을 받아 지옥 · 연옥 · 천국 등 내세의 영혼 세계를 두루 여행하며 경험한 내용을 상세히 그린 여행기의 형태를 띠고 있다. 베아트리체는 단테에게 시의 신인 뮤즈이었지만, 아프로디테는 사랑과 미의 여신이었다. 단테는 이들의 안내를 받아 인간 영혼의 구원을 노래한다. 단테는 「지옥편」에서 구원 받을 사람과 저주 받을 사람을 보여준다. 삶에서 빛과 어둠은 무엇인가. 그것은 누가 결정하는 것인가. 단테는 「천국편」 중에서 불꽃 속의 불티가 보이는 것처럼, 그리고 목소리 속의 진짜 목소리가 들리는 것처럼 찬연히 빛나는 광채 속에서 축복받은 영혼의 등불을 찾는다.

— 피렌체의 아르노강

단테는 그것이 영원한 직관을 좇는 움직임처럼 느낀다. 『신곡』은 하느님의 섭리와 구원, 그리고 그를 대하는 인간의 자유의지 문제를 중심으로 서구의 기독교 문명을 집대성한 최고의 문학작품으로 평가된다.

18세기에 이탈리아를 방문했던 괴테는 "마음의 눈으로 르네상스를 보라."고 권한다. 계속해서 그는"허심탄회하게, 편견없이 르네상스 천재들의 작품을 대하고, 그들의 목소리에 귀를 기울이고, 그렇게 얻은 생각을 자신의 말로 표현하라. 그러면 르네상스 정신을 이해할수 있다."고 충고한다. 아르노 강은 르네상스의 정신을 가슴에 품고 오늘도 흐른다.

게르만 신화를 담은 강

— 독일의 라인강

라인강은 본류의 길이가 약 1,320km로 유럽 최대의 강 중의 하나이다. 알프스 산지에서 발원하여 유럽에서 공업이 가장 발달한 지역을 관류하여 북해로 흘러든다. 스위스–리히텐슈타인–오스트리아–독일–프랑스–네덜란드 등의 여러 나라를 거치며 지중해 · 흑해 · 발트해 로 연결된다. 그 중 독일을 흐르는 부분이 가장 길어서 독일을 상징하는 강으로 일컬어진다.

라인강을 제대로 보기 위해서 프랑크푸르트에서 출발하는 유람선을 타기로 했다. 강은 생각 보다 무척 크고 유속이 빠르게 보인다. 강 양쪽에는 아름다운 고성들과 포도밭을 비롯한 이름을 알 수 없는 과수원이 장관으로 늘어서 있다. 그리고 여객선과 화물선들이 수없이 지나다니고 있다. 우리나라에서 한강의 기적처럼 왜 독일이 라인강의 기적을 이룬지 알 수 있을 듯하다. 라인강을 바라보면서도 독일의 강력한 힘이 느껴진다.

독일이라는 나라를 생각하면 알 수 없는 민족적 저력을 느끼게 된다. 아마도 이것은 오래전에 읽은 게르만 신화 덕분이 아닌가 한다. 게르만족은 강인하고 정열적인 성격을 지닌 부족이었다. 유럽의 정신적 뿌리는 크게 고대 그리스 정신을 반영한 헬레니즘과 고대 로마 정신을 바탕으로 한 헤브라이즘을 들 수 있다. 거기에 독일의 게르만 신화를 추가할 수 있다. 게르만 신화는 앞선 두 정신적 뿌리보다 그 역사가 오래되지는 않았다. 게르만 신화는 대개 게르만 민족 이동기인 5세기경의 체험들이 녹아들어 있다. 12~13세기로부터 기독교의 영향을 깊이 받고 있기는 하지만 여전히 이교적 요소들이 남아있고, 원시적이고 야만적인 모습이 섞여 있다.

게르만신화의 특징은 무엇보다 이분법적 대립을 꼽을 수 있다. 대립되는 두 세력이 등장해 항상 갈등하고 투쟁하는 것이 그 특징이다. 따라서 게르만신들은 매우 야만적이고 불안정한 모습을 보이며 전지전능하지도 않고 약점을 지닌 인간적인 존재이다. 게르만신화에서 신들의 최후는 단순히 예언적이라기보다는 우수에 젖은 세계관을 지니고 있다. 이러한 특징 속에서 게르만 특유의 비장하고 체념적이면서 불멸의 생의 의지 같은 것을 보여준다. 예컨대 중세 게르만의 대서사시 '니벨룽겐의 노래'를 보면 신들의 몰락과 함께 이루어지는 한 종족의 비장하면서도 불굴의 삶의 최후를 보여주고 있다. 이런 게르만 신화의 정신이 베토벤과 바그너 같은 음악가를, 헤겔과 니체 같은 철학자를, 히틀러와 같은 광기 어린 정치가를 나았다고 하면 지나친 억측일까. 헤겔과 마르크스와 니

체에 의해서 보여지듯이 쉽게 이해되지 않는 고집스런 형이상학을 구상하고 진리를 추구하는 것이 독일 인문학의 분위기라 할 수 있다. 이것은 문학에 있어서도 마찬가지다.

영국에 세익스피어가 있다면, 독일에는 독일 문학의 최고봉을 상징하는 괴테가 있다. 독일 문학을 세계적 수준으로 끌어올린 위대한 그에게는 '거인'이라는 표현이 딱 어울린다. 80년이 넘는 긴 생애 동안 활동하며, 『젊은 베르테르의 슬픔』에서 『파우스트』 같은 대작에 이르기까지 다양하고도 폭넓은 작품을 내놓았기 때문이다. 특히 『파우스트』는 신의 경지에 오르고자 악마에게 영혼을 판 인간 파우스트를 끊임없이 파멸로 유혹하는 악마 메피스토펠레스의 이야기를 다룬 작품으로 수백 년간 불멸의 서사로 사랑받아 온 작품이다. 괴테의 말대로 현대인들은 물질적 만족을 얻고자 악마와 거래한 파우스트의 후예들이다.

오랫동안 강을 흘러왔지만 강을 통과하는 교량이 보이지 않는다. 다리가 없는 강을 건너기 위해서는 사람도 차도 배를 이용해야 한다, 아마도 라인강의 아름다운 경관을 해치지 않기 위해서가 아닐까라는 생각을 해본다. 아니나 다를까. 라인강 유역의 로렐라이 언덕, 독일인들이 가장 권하는 아름다운 도시이며 18세기 독일 낭만주위 발상지인 하이델베르크는 그 옛날 원래의 모습 그대로 간직하고 있다. 라인계곡에는 도시나 큰 마을이 없어 아름다운 자연 그대로의 모습이다. 배는 로렐라이 언덕이 있는 계곡으로 다가가고 있다. 라인강에서 가장 좁고 깊은 곳으로 유속도 가장 빠른 곳이다.

로렐라이 언덕에 오면 사람들은 로렐라이 전설에 대해 듣는다. 미모의 로렐라이는 이 바위 위에서 사랑하는 남자를 기다리곤 하였다. 그러나 마음이 변한 남자는 결코 나타나지 않았다. 로렐라이는 절벽에서 강으로 투신했다. 그녀는 죽었지만 영혼은 살아 뛰어내린 바위에 나타났다고 한다. 변절한 남자를 복수하기 위해 아직도 그 바위에 나타나 노래를 부른다고 사람들은 믿고 있다. 이곳을 지나가는 선원들이 바위에 나타난 그녀를 쳐다보다가 넋이 빠져 배가 파손되어 사망했다고 한다. 로렐라이 언덕의 모습에 비하면 빈약한 전설의 멜로드라마적인 내용이 여행객들을 실망시키지만, 어쨌거나 하체까지 덮는 긴 머리 아름다운 나체의 로렐라이상은 높은 언덕 위 돌출부에 서 있다.

바다의 요정은 언제나 뱃사람들을 유혹한다. 신화 속에 나오는 바다의 요정 사이렌의 이야기는 아주 어릴적부터 만화나 책에서 많이 보았던 서사이다. 사이렌은 아름다운 외모에 감미로운 노래 실력을 갖추고 있다. 바다 위를 지나는 선원들은 아름답고 감미로운 사이렌의 유혹에 넘어가지 않는 사람이 없다. 그 유혹에 넘어간 선원들은 배의 방향을 잃고 침몰해서 결국 목숨을 잃게 된다. 트로이 전쟁에서 승리한 영웅 오디세우스는 사이렌의 뿌리칠 수 없는 유혹의 노래를 듣지 못하도록 선원들의 귀를 막고 자신도 돛대에 몸을 묶는다. 그래서 유혹에도 불구하고 섬을 빠져나가 목숨을 건질 수 있었다.

생각해보면 사이렌의 미모와 목소리와 연주는 모두 외부의 유혹이다. 유혹에 굴복하는 것은 결국 자신의 의지가 모자라기 때문이다. 오디세우스가 유혹에 빠지지 않기 위해 처절하게 자신을 밧줄로 돛대에 꽁꽁 묶었듯이, 잠시라도 중심을 잡지 못하면 사이렌의 매혹적인 유혹에 그만 깊은 바다에 휩쓸리게 되고 만다. 인생에서 온갖 유혹은 그침없이 밀려온다. 그러한 유혹의 노래 소리를 듣지 않고 항해를 마친 것이 다행이다. 그렇지만 어떤 유혹의 감미로운 노래소리를 듣더라도 정신을 차리고 방향키를 놓지 않는 정신력이 더 중요하다.

욕망으로부터 자유로워진다는 것은 쉬운 일이 아니다. 삶에서 우리를 힘들게 하는 것은 원하는 어떤 것을 이루지 못하기 때문이 아니라 원하는 마음이 욕망을 내려 놓을 수 없기 때문일 것이다. 사람들은 부와 명예와 사랑과 행복을 욕망하면 언젠가는 그것을 소유할 것이라고 말한다. 그렇지만 그것은 결국 또 다른 고통의 시작일 뿐이다. 그 오르막길에 오르는 과정에는 언제나 더 멋지고 화려한 것들에 대한 욕구가 수반되기 때문이다. 인간은 선택의 자유를 추구하며 살아가며 세상은 그것을 격려한다. 그것은 각자의 마음 속에서 날마다 들려오는 거부할 수 없는 욕구와 같다.

그러나 진정한 만족은 원하는 것을 소유하는 것이 아니라, 원하는 마음으로부터 해방되는 것이다. 욕망의 자유가 아니라 욕망으로부터의 자유이다. 눈 먼 손으로 내 삶을 만져보니 그건 온통 가시투성이다. 가시투성이의 인생을 만지며 나는 생각했다. 인생에 이토록 가시가 많은 것을 모르고 곧 아름다운 장미가 필 것을 기다리고 있었으니 얼마나 어리석은 일인가. 괴테의 말대로, 자신이 자유롭다고 믿는 것보다 자신을 더 절망적으로 속박하는 일은 없을 것이다.

나의 내부에서 끓어오르는 자유와 욕망의 마음이 돛대에 묶은 것을 아는지 모르는지 배는 유장한 라인강을 흘러간다.

신화로 흐르는 강
— 그리스 크레타 섬의 강

크레타 섬으로 가는 길은 길고도 멀었다. 오래전부터 그리스 본토를 몇 차례나 들락거렸지만 크레타 섬으로 가는 것은 번번히 좌절되었다. 그러던 중 최근에 그리스 섬 순례를 하는 길에 제일 먼저 달려간 곳이 크레타 섬이다.

그리스에는 무려 6,000여 개의 섬이 있다. 오래전부터 그리스에서 해양산업이 발달한 것이 충분히 이해되고 남는다. 이 중 227개의 섬에서만 사람이 살고 있다. 그 중에서 관광객들이 가장 많이 찾는 산토리니가 있는 키클라데스 제도와 그리스에서 가장 큰 크레타 섬으로 나뉜다. 키클라데스 제도에는 가장 아름다운 섬으로 불리는 산토리니, 풍차의 섬 미코노스, 아폴론과 아르테미스가 탄생한 델로스 등의 섬이 있다.

크레타 섬은 지중해 동부와 에게해 남부에 있는 섬이다. 크리티 섬이라고도 불린 이 섬은 그리스의 섬 중에서 가장 크고 인구가 많은 섬으로 지중해에서 시칠리아섬, 사르데냐섬, 키프로스섬, 코르시카섬에 이어 다섯 번째로 큰 섬이다. 에게해 남단부 중앙에 위치한 그리스령으로 그리스 본토 남쪽으로 약 160km 거리에 위치한다. 크레타섬은 동서로 길게 뻗은 모양을 하고 있으며 산, 협곡, 강이 많이 발달해 있다. 이 곳의 땅은 석회암으로 흰색을 띠는데, 그래서인지 지명은 이탈리아어로 '하얀 토지'라는 의미를 지닌다.

크레타의 역사는 오래다. 기원전 2000년 직후 화려한 미노아 문화가 꽃피었으며 기원전 17세기에는 크노소스 왕권 아래 섬 전역이 통일된 것으로 추정된다. 기원전 1400년에 그리스 인에 의해 크노소스 궁전은 파괴되고 기원전 66년에는 로마의 속국이 되었다. 823-961년 이슬람 교도의 지배를 받았으며, 13세기 초 제4차 십자군 원정 이후 베네치아에 속하게 되면서 칸디아라고 불리었다. 17세기 후반 오스만 제국의 지배하에 들었으며, 1913년 그리스령으로 복귀하게 된다.

영국의 시인 존 키츠가 「그리스 항아리에 바치는 송가」에서 노래한대로, 그리스는 "아름다움은 진실이며, 진실은 아름다움"인 것을 아는 민족이었다.

> 오 아테네의 형상이여! 아름다운 자태여!
> 남자와 여자들이 대리석으로 세밀히 새겨지고,
> 숲의 나뭇가지들과 밟힌 잡초들이 그려진,

그대 침묵의 형상이여, 영원함이 그러하듯,

우리들의 생각을 잠시 멎게 하는구나.

(···)

"아름다움은 진실이며, 진실은 아름다움이니,"

이것이 너희들이 지상에서 아는 모든 것이고,

너희가 알아야만 하는 모든 것이네.

그리스와 아테네의 역사처럼, 크레타 섬을 흐르는 강의 역사는 길다. 단테의『신곡』「지옥」편에 나오는 베르길리우스는 유럽의 기원은 크레타 섬과 함께 시작되었다고 설명한다. 숲에서 흘러나와 불타는 모래사장으로 흘러가는 붉은 강물을 보면서 베르길리우스는 신화를 언급하며 사후 세계 강들의 기원과 역할을 설명한다. 그 섬 중앙에 자리한 이다산에 보존되어 있는 거대한 형상은 서로 다른 재료로 만들어졌다. 머리는 금, 가슴과 팔은 은, 몸뚱이 아래 부분은 구리와 철이다. 그 이음새로부터 눈물이 흘러나와 땅의 중심을 적신다. 그들이 아케론, 스틱스, 플레게톤, 그리고 코키토 호수다. 플레게톤 강은 숲으로부터 흘러나오는 들끓는 피의 강이다. 이들이 지옥으로 흐르는 강의 기원이라고 베르길리우스는 설명한다.

크레타 섬을 흐르는 강의 역사가 단테 같은 작가의 작품에 기록되고 있는 것이 기이하지만, 크레타 섬에는 신화와 문학의 기록이 곳곳에 담겨있다. 신화는 주로 신에 관한 이야기, 자연 현상이나 사회 현상의 기원과 질서를 설명하는 이야기, 신성시되는 이야기 등을 다룬다. 세계 각 지역의 신화는 다르지만, 유사한 이야기 구조나 내용으로 구성된 경우가 많다. 신화는 인간의 삶을 있는 그대로 때로는 은유적으로 신을 등장시켜 표상하는 이야기다.

미노스 왕궁은 섬의 북쪽 해안인 현재의 이라클리온시 남쪽 약 6km 지점 구릉 위에 위치해 있다. 1900년 영국의 고고학자 A.에번스가 발견하였으며, 지금도 발굴이 계속되고 있다. 신화 속 다이달로스는 그리스 최고의 건축가이자 기술자였다. 그는 한번 들어가면 절대 나올 수 없는 '미궁'을 크레타 섬에 설계했는데, 이곳이 미노스 왕궁이다. 하지만 다이달로스는 미노스 왕의 노여움을 사게 되어 그의 아들 이카로스와 함께 자신이 만든 미궁에 갇힌다. 이카로스는 미궁을 탈출할 방법을 생각해낸다. 새처럼 높이 날 수 있다면 미궁을 탈출할 수 있다는 것이었다. 이카로스는 아버지가 만들어준 밀랍 날개를 달고 하늘 위를 날아오른다. 그렇지만 "아들아, 새의 밀랍 깃털을 네게 붙여줄 테니 날아서 탈출하여라. 다만 너무 높이 날아서는 안 된다. 밀랍이 태양열에 녹을 수 있기 때문이다." 아버지의 당부를 어기고 태양 가까이로 날아간 이카로스는 지중해로 추락하고 만다.

그리스 신화에 나오는 「이카로스의 날개」 이야기는 인간이 가지지 못한 욕망을 나타낸다. 이카로스의 꿈은 태양에 도달하는 것이 아니라 억압과 질곡의 삶의 통로를 떠나 어디론가 긴 여행을 떠나고자 하는 것이었을지도 모른다. 신이든 인간이든 이 힘들고 고달픈 일상에서 벗어나 무작정 어디론가 날아가고자 하는 것은 공통의 생각이다.

심리학자 프로이트는 신화가 인간의 보편적이고 생물학적인 개념, 그리고 억압된 발상의 표현이라고 주장하였다. 신화는 인간이 처한 불완전함과 인간의 무력함에 대한 깊은 자각을 깨우친다. 그러나 신화에 등장하는 신들이 모두 다 선한 것은 아니며, 신이 인간에게 악을 행사할 수도 있다. 따라서 인간은 항상 자신을 올바르게 세워서 자기의 삶을 영위해야 한다는 사실을 깨닫는다. 인류의 탄생 이래 신과 인간은 서로를 지켜주고 일깨워 주는 보완적 관계에 있는 것임이 분명한 듯하다.

크레타섬에는 유별나게 예술인 출신이 많다. 세계적인 가수인 나나 무스쿠리, 1979년 노벨 문학상을 수상한 시인 오디세아스 엘리티스, 소설가 니코스 카잔차키스가 그들이다. 카잔차키스는 크레타섬에서 태어난 현대 그리스 문학을 대표하는 작가이다. 대표작으로 『그리스인 조르바』, 『최후의 유혹』 등이 있다. 카잔차키스는 영혼의 자유로움을 갈망하며 전 세계를 방랑하였다. 그의 작품들도 자유를 갈망하는 인물로 채워졌다. 그의 묘비명에서도 '오직 자유'를 외치고 있음을 느낄 수 있다. 비문에는 "나는 아무것도 바라지 않는다/아무것도 두렵지 않다/나는 자유롭다."라고 기록되어 있다.

인간에게 신은 존재하는 것인가. 존재한다면 신은 인간의 운명을 어떻게 이끌고 가는가. 그에 대한 대답을 줄 생각은 없이 크레타 섬에 드리워진 에게해의 강렬한 햇살이 나그네의 얼굴을 태울 듯이 이글거리고 있었다.

인류 문명의 발상
— 이집트의 나일강

'강江이 있는 곳에 문명文明이 존재한다.' 이것은 역사의 가르침이다. 인류의 4대 문명은 이집트 문명, 메소포타미아 문명, 인더스 문명, 황하 문명이 있고, 그 밖에 마야 문명, 잉카 문명이 있다. 이 중에서 이집트 문명은 인류 문명의 원형으로 역사는 기록하고 있다. 지금까지 남아있는 미이라를 만들고 피라미드를 건축했다는 점에서 더 큰 흥미를 끈다.

위대한 문명이 발전한 근처에는 반드시 거대한 강이 존재하듯이, 이집트 문명은 나일강과 분리해서 생각할 수 없다. 나일강 하류의 비옥한 토지에서 농업을 바탕으로 이집트 문명은 발전하기 시작했다. 해마다 겪는 나일강의 범람은 상류의 비옥한 퇴적물을 운반하여 나일 강변은 풍요로운 땅이었다. 그러나 홍수는 너무 빈번하게 일어나서 미리 예측해 농사의 시기를 조절할 수가 없었다. 반면 나일강의 범람 때문에 태양력 · 기하학 · 건축술 · 천문학이 발달하였다.

이집트의 수도인 카이로는 로제타강과 다미에타강의 두 지류로 갈라지는 지점의 바로 남쪽에 위치하며, 시가지의 대부분은 강의 우안에 조성되어 있다. 같은 자리에 같은 이름으로 1,000년 이상의 역사를 간직한 이 대도시는 옛것과 새것, 동양과 서양의 조화를 느끼게 한다. 카이로는 동양과 서양, 아프리카 삼대 문화의 교차 지점이기도 하다. '카히라'라고도 불리는데, 아라비아어로 '승리자'란 뜻을 가지고 있는 오랜 역사를 지닌 도시이다.

카이로의 도심 중앙을 뚫고 지나가는 나일강은 이집트의 젖줄이면서 세계에서 가장 긴 강이다. 카이로는 나일강 삼각주 남단에 위치해 있는데, 북쪽의 지중해 기후와 남쪽의 사막 기후 중간에 해당되는 반 건조 기후로 강수량이 적은 도시이다. 물을 찾아 내려오는 사람들이 살기 적당한 지대로 모여들게 되어, 나일강이 만든 도시라 할만하다. 그야말로 이집트문명은 나일강이 만든 선물이라는 역사학자들의 말은 결코 지나치지 않다.

이집트 곳곳을 다니다 보면, 그 옛날에 어떻게 저런 웅대한 건축물을 만들 수 있었던가 하는 감탄이 절로 나온다. 파라오(왕)는 권위에 걸맞은 높고 거대한 피라미드를 지었으며, 죽어서도 저승의 신이 되어 이집트 백성을 보살펴 준다고 믿었다. 사람 머리에 사자의 몸을 가져와 태양신의 상징으로 생각하면서 스핑크스라는 석상을 만들어 피라미드 근처에 세워 두기도 했다. 이 같은 모습들은 모두 웅대하고 기나긴 이집트의 역사를 잘 말해준다. 기원전

4000년부터 현재까지 이어지는 이집트의 역사는 기실 인류의 역사라고 해도 과언이 아니다.

이집트인들은 죽은 뒤 다른 세상에서 영원히 다시 산다고 믿었다. 그래서 죽음을 정복하여 오시리스 왕이 다스리는 영생의 왕국으로 들어가고자 했다. 사람이 죽으면 오시리스 신의 심판을 받아 내세로 들어 갈 수 있는지 여부가 결정된다고 믿었던 것이다. 또 이집트인들은 사람이 죽으면 그 영혼이 몸에서 분리되어 세상으로 돌아와 자신의 몸에 다시 찾아온다고 믿었다. 그래서 죽은 후에도 영혼이 다시 돌아올 수 있도록 몸을 썩지 않게 보존하고자 시체를 미라로 만들었다. 몸은 천연 방부 소금으로 썩지 않도록 처리한 후 붕대를 감아 보존하였으며, 영혼이 되돌아왔을 때 자기 몸을 못 알아볼까 봐 얼굴의 모습을 담은 마스크를 미라 머리에 씌워 놓았다. 왕이나 귀족은 물론 이집트의 평민들도 죽으면 우선 저 세상으로 가는 배에 시체를 태워 무덤 곁으로 옮긴 후 미라 만드는 작업을 시작했다. 그것은 내세로 가기 위한 절차였다.

그들은 자신의 육신을 미라로 만들었고, 오시리스가 통치하는 저 세상에서 또 다른 재회를 준비하고 있었으며 한 번의 죽음이 영원한 종말은 아니라고 생각했다. 오시리스가 통치하는 저 세상은 살아 있는 파라오가 통치하는 이 세상과의 사이에 건널 수 없는 심연이 있는 것이 아니었다. 정말 저 세상은 기쁨과 풍요가 넘치는 또 다른 낙원이 존재하고 있는 곳인가. 카이로의 국립박물관에 전시된 미라를 바라보니 아직도 살아있는 듯이 선명한 모습을 하고 있었다. 나이를 짐작할 수는 없었지만, 살아 있는 미라라고

할 만큼 얼굴은 동안童顔과 같은 생명력을 지니고 있었다. 죽어서 미라가 된 그들의 모습은 평화롭고 행복하게 보였고, 살아서 그들을 바라보는 나의 모습은 불행하게 보였다. 내가 미라가 되어 내세의 세상을 바라볼 수 있다면 어떤 모습을 하고 있을까.

카이로에서 남쪽으로 거슬러 올라가는 나일강이 크게 휘어진 지점에 룩소르가 있다. 고대 이집트에서는 '테베'라 불리며 멤피스에 이어 수도가 된 도시이다. 테베라는 이름은 그리스 인들이 붙인 것인데 '신의 대도시'라는 뜻이다. 신 왕국 시대의 이집트 역사는 이 도시에서 시작된다. 그리스의 시인 호메로스는 서사시 『일리아드』에서 고대 테베를 '100문門의 도시'라고 읊었다. 룩소르는 아라비아어로 '수많은 궁전'이라는 뜻을 가지고 있는데, 그 명성만큼이나 나일강을 중심으로 많은 유물들이 흩어져 있다. 태양이 떠오르는 동쪽 연안은 예부터 '살아 있는 자의 도시'라 불리며 카르나크 신전, 룩소르 신전 등이 세워졌다. 반면 태양이 저무는 서쪽 연안은 '죽은 자의 도시'로, 파라오의 사후 안식처로 많은 왕이 잠들어 있는 왕가의 계곡을 비롯해 하트셉수트 여왕 신전, 투탕카멘왕의 무덤, 멤논의 거상 등이 집중해 있다.

룩소르 거리는 왠지 황량한 느낌이 든다. 룩소르에서는 오래되면서도 외롭고, 그래서 홀로인 듯 거리를 걷게 된다. 외롭고 쓸쓸히 그 누구와도 함께 하지 않은 길을 멀리 떠나야 한다고 느낀다. 세속과 거리를 두고, 세속의 일도 줄이고, 그렇게 하다보면 아득한 시간의 거리 속에서 진짜 자신의 내면을 잘 들여다볼 수 있다는 생각이 든다. 룩소르에서는 영원의 시간과 함께 자신을 되돌아

볼 수 있는 시간을 가질 수 있게 된다.

달빛 아래에서 룩소르 다리를 걷다보면 고대 이집트의 영욕의 역사가 한눈에 들어온다. 룩소르 신전에서 석상들과 대화를 나누다보면 어느덧 나도 파라호가 되어 고대 이집트의 한가운데에 서 있는 듯한 느낌을 가지게 된다. 헤로도토스는 흔히 '역사의 아버지'로 불리는 사람이다. 그렇지만 이집트의 오래되고 신비로운 문명에 비하면, 그는 한 까마득한 옛날 사람에 불과하다. 현대를 살아가고 있는 나 같은 사람도 룩소르의 거리를 걷다보면 아득한 시대의 옛 사람이 되어간다.

룩소르에서 200km 떨어져 있는 나일 강변의 아스완 시는 일 년 내내 태양이 빛나는 혜택 받은 도시이다. 게다가 세계에서 가장 아름다운 겨울 휴양지이기도 하다. 카이로와 같은 북부 지방과는 달리, 나일강 상류에서 수단 국경에 인접한 누비아 지방은 아프리카의 분위기가 물씬 풍긴다. 1970년에 완공된 아스완 하이 댐의 건설로 많은 유적들이 수몰 위기에 처했는데 유네스코의 도움으로 유적들을 상류로 옮겨 오늘날에도 볼 수 있게 되었다. 고대의 기념물이 잘 보존되어 있기 때문에 아스완은 관광지로서 더욱 각광 받는 곳이다. 1960년대에 나세르 호의 수위가 높아져 물에 잠길 위기에 처한 이집트의 신전들이 국제학술기관의 대대적인 보존사업에 의해 고지대로 옮겨졌는데, 가장 힘들고 복잡한 공사가 이루어진 곳이 아부심벨과 필라에였다. 아스완은 고대 이집트 때부터 교역, 정치, 군사상의 중심지였다. 따라서 과거의 번영을 상징하는 유적들이 가장 많이 흩어져 있다.

배를 타고 멤피스나 테베를 향해 천천히 나아가면 키 작은 이집트 농부들이 부지런히 일하는 모습이 보인다. 함족이 이곳에 처음 정착했을 때도 농부들은 지금과 같은 방식으로 일하면서 살아왔다. 함족은 옛 터전을 떠나 나일강 유역의 더 나은 환경에서 새 삶을 시작하러 온 부족이었다. 저지대에 살던 멤피스의 지배자들이 고왕국을 세웠을 때도 그들은 수천 년 동안 변함없이 이곳에서 살아왔다. 피라미드를 지으며, 1천 년 뒤 아브라함이 식솔들을 거느리고 우르의 땅에서 지중해 연안으로 이주하려 왔을 때도 그들은 그렇게 밭을 갈며 살아온 것이다. 그것이 이집트 민중들의 삶의 모습이었다. 그들 덕분에 왕과 귀족들이 존재할 수 있었다.

이집트 역사상 가장 강력한 파라오는 람세스 2세였다. 그는 기원전 1279년 스물넷의 나이로 왕위에 올라 66년간 통치하면서 가장 강대한 이집트왕국을 건설했다. 통치기간 중 람세스 2세는 모두 90여 명의 자녀를 두었고 자신의 위대함을 기리는 거대한 동상을 세우고 신으로 대접받길 원해 북쪽의 나일강 삼각주의 타니스에서 남쪽 누비아 지방의 아부심벨에 이르기까지 방대한 도시와 신전들을 건설하였다. 그는 모세가 이스라엘 민족을 출애굽시킬 때 파라오로 열 가지 재앙과 홍해가 갈라지는 경험을 한 사람이기도 하다. 하지만 그의 힘과 영광도 영원하지 못해서 아시라아의 침입으로 이집트는 역사 속으로 사라져버리고 말았다. 그렇지만 이집트문명은 사라지지 않고 지중해를 건너 그리스와 로마문명이 탄생하는데 큰 영향을 주었다.

람세스 2세 같은 영웅이 있었기에 이집트의 위대한 역사가 존재할 수 있었을 것이다. 이집트 곳곳을 다니면서 람세스 2세가 만든 유적들을 살피면 그 역사의 깊이와 무게를 이해하고도 남음이 있다. 그 대표적인 곳이 바로 아부심벨 신전이다. 아부심벨 신전은 이집트 신왕국 시대의 황금기를 구축한 람세스 2세의 명으로 건설되었다. 신전 입구에 있는 높이 20m의 거대한 람세스 2세 상은 지금도 보는 사람들을 압도한다. 영웅은 어느 역사에서나 존재한다. 그리고 세상은 영웅들에 의해 만들어지는 것인지도 모른다.

고대 이집트에서부터 사람들은 강을 통하여 삶과 죽음을, 사랑과 이별을 이야기해 왔다. 고대 서사시 「시누헤 이야기」에서는 이런 사랑의 시가 나온다.

그리운 이 강 건너에 계셔라.
우리 사이에는 강이 막고 있어라.

나는 그이에게 가려고 하지만
모래톱에 악어가 가로막고 있어라.

나는 강 가운데 들어서노라.
물결을 헤치면서 강을 건너노라.

내 심장은 물결에도 끄떡없고
내 발이 닿으면 물도 뭍이어라.

그리운 이 강 건너에 계셔라.
나는 사랑으로 해서 불사신이어라.

— 이집트의 나일강

그이는 강 건너에서 나를 위해
신들에게 간절히 빌고 있어라.

쉽게 설명될 수 없는 논리와 이성이 존재하고 또한 아득하게 흘러간 세월과 한번쯤 살며 꿈꾸고 싶은 곳이 이집트이다. 그런 이집트의 매력에는 낯설기 때문에 오히려 더욱 빠져들게 된다. 때로 그 역사와 삶의 흔적을 바라보면서 기쁨과 슬픔, 그리고 희망과 절망의 신비롭고도 당황스런 감정이 일어난다. 운명 같은 역사의 위대한 힘을 만나고 싶다면 바로 이집트로 달려가야 할 것이다. 거기에서는 거대한 역사의 힘과 깊이가 존재하고 있기 때문이다. 아부심벨의 신전 앞에서 인간의 힘과 문명의 힘이 얼마나 위대한 것인가를 경탄하면서 그러한 느낌을 가졌다.

수천 년 전에 만들어진 피라미드와 스핑크스와 세상을 호령하던 파라오의 모습을 바라보는 것은 경이로운 일이었다. 넘실대는 나일강에 몸을 싣고 흔들리면서 저 위대한 문명은 인간이 만든 것인가 강이 만든 것인가를 물어보았다. 인간이 아무리 위대하다 한들, 그 옛날 어떻게 저런 문명을 일구어낼 수 있었을까. 나일강뿐인가. 티그리스강과 유프라테스 강변에서, 인더스와 황하 강변에서 인간은 문명을 탄생시켰다. 문명을 만든 강가에서 나는 아득한 시간의 경계를 서성이며 전율했다.

분수는 강을 이루고
— 시칠리아 섬의 강

이탈리아에는 유난히 분수가 많다. 도심을 다니다 보면 곳곳에 분수다. 이탈리아의 유명한 트레비 분수에는 오늘도 수많은 사람이 모여 발 디딜 틈이 없다. 트레비 분수는 '세 개의 갈림길 끝에서 나온 물'이라는 의미를 지닌다. 분수가 모여 강을 만들고, 강은 바다로 모인다.

시칠리아 섬 팔레르모를 위시한 도심 곳곳에도 크고 작은 분수는 많다. 시칠리아는 지중해의 정확히 중간에 위치해 있다. 이탈리아의 지리상으로는 변방이지만 해양사적으로는 지중해의 중심이며 문명의 교차로이다. 지정학적으로 지중해의 교차로이자 이탈리아반도와 아프리카를 잇는 징검다리이기도 하다. 대륙과 대륙은 해협으로 이루어진다. 해협의 운명은 '단절'과 '긴장'으로 이루어 진다. 끊어져 있기 때문에 단절이 있는 것은 분명한데, 또한 가깝게 있으므로 긴장을 멈출 수 없다. 이탈리아에 소속된 섬이지만, 그동안 시칠리아는 독립된 섬처럼 존재했다.

시칠리아는 지중해의 최대 섬이다. 이탈리아 본토와는 3km 거리밖에 떨어져 있지 않지만 북아프리카와는 160km 정도 거리에 놓여 있다. 1787년 시칠리아를 처음 찾은 괴테가 『이탈리아 기행』에서 '시칠리아를 보지 않고서는 이탈리아를 보았다고 할 수 없다.'고 하며 이 섬을 "모든 섬의 여왕"이라고 불렀다. 우리가 꿈꾸던 이탈리아의 아름다운 모습의 진수를 섬은 그대로 보여준다. 연중 관광객들로 북적이는 로마, 피렌체, 베네치아와는 달리 한결 한적하고 여유로운 이탈리아의 또 다른 매력을 지니고 있다.

시칠리아 여행은 자연과 도시의 아름다움은 물론 역사와 문명이란 무엇인가를 동시에 생각하게 한다. 구석기로부터 청동기, 그리스와 페니키아로부터 로마와 아랍 문명에 이르기까지 다양한 문명이 용해되고 융합되어 하나가 되었다. 그래서 시칠리아에 당도하면 유럽이면서도 아랍이 엿보이고, 이탈리아면서도 전혀 다른 문명의 흔적이 보인다. 아테네 신전보다 더 완벽히 남아 있는 신전들이 그리스적이면서 동시에 시칠리아의 문명사적 궤적을 웅변으로 보여준다.

시칠리아는 지정학적 요충지로 아프리카에서 유럽으로 진출을 시도했던 세력들이 반드시 거쳐 가야 하는 중간 교두보였다. 제2차 세계대전 당시 허스키 작전은 미국과 영국의 군대가 경쟁적으로 시칠리아에 상륙했던 작전으로, 당시 시칠리아는 이탈리아반도로 진격하기 위한 연합군의 징검다리였다. 역사적으로 본토에서 시작된 긴장이라는 거대한 그늘이 늘 시칠리아를 덮었으며, 이는 해협을 사이에 둔 시칠리아에는 긴장 그 자체이기도 했다. 뱃사람들은 스킬라와 카리브디스라는 바위와 소용돌이 때문에 메시나해협을 지나기를 두려워했다. 오히려 이런 난관은 매우 오랜 세월 동안 본토와 시칠리아를 격리하는 데 도움을 주었다. 신화 속 오디세우스가 스킬라와 카리브디스의 공격을 받은 곳이며, 그리스인이 서부 지중해로 나가기 위해서는 반드시 이 해협을 통과해야 했다.

남한의 4분의 1의 크기가 되는 시칠리아 제1의 도시는 팔레르모이다. 영화「대부」의 배경이 되었다는 이유로 사람들은 마피아에 대한 걱정을 많이 하지만 팔레르모를 다녀보면 도시는 의외로 낭만적인 분위기다. 팔레르모에도 곳곳에 분수가 자리하고 있는데 시내 한 복판에 자리한 프레토리아 분수는 르네상스 양식의 아름다운 조각으로 이루어져 있어 이탈리아 우표에도 나올 정도이다.

코발트색 지중해와 고색창연한 감성이 묻어나는 도시들이 어우러진 섬, 시칠리아의 세 도시는 어느 곳 하나 빠뜨릴 수 없이 여행할 만한 곳이다. 시칠리아 여행은 어느 곳에서나 상큼한 레몬 향, 은은한 지중해의 바다 내음, 아련한 사랑을 담은 흑백 영화를 떠올리게 하는 풍경들로 가득하다. 그중에서도 체팔루는 바로 우리에게 어린 시절의 추억과 사랑을 떠올리게 하는 영화인「시네마 천국」의 무대가 된 아름다운 도시이다. 바다로 돌출해 있는 산을 중심으로 이루어진 항구도시에는 거대한 바위산, 해변을 따라 세워진 오래되고 낡은 건물들, 역사와 문명의 상징인 두오모, 투명한 쪽빛 바다와 길게 이어진 백사장이 늘어서 있다.

체팔루에 도착하면 곧장 쥬세페 토르나토레 감독의「시네마 천국」의 영화 속의 장면들이 눈 앞에 전개된다. 영화「시네마 천국」은 어린 시절 영화가 세상의 전부였던 소년 토토가 마을 광장에 있는 낡은 '시네마 천국'이라는 극장에서 영사 기사 알프레도와 친구로 지내며 어깨너머로 영사기술을 배우는 줄거리로 시작한다. 주인공 토토가 고향을 떠나는 장면을 찍은 기차역, 토토가 알프레도와 자전거를 타고 다니던 광장, 체팔루 곳곳에서 영화의 흔적을 찾을 수 있다. 알프레도는 토토에게 말했다. "인생은 네가 본 영화와는 달라. 인생이 훨씬 힘들지."

시칠리아 포구에서 일하는 어부의 모습이 떠오른다. 경계하는 눈동자와 가늘게 떨리는 입술이 힘들어 보이지만 깊게 팬 주름과 검게 탄 얼굴에는 용기와 강인함이 서려 있다. 오랜 삶의 질곡 속에서도 꿋꿋하게 살아가는 인간의 진정한 용기를 보여준다. 이 어부의 얼굴이야말로 지난 오랜 세월동안 체념과 희망 사이를 넘나들던 시칠리아 사람들의 삶의 모습일 것이다.

파괴되는 지구의 허파

— 브라질의 아마존강

세계의 허파라 불리는 아마존강은 유역면적과 유량이 세계 최대의 강이다. 아마존이란 일반적으로 강의 본류 전체를 지칭하지만, 페루에서는 상류에서 이키토스까지를, 마라뇬과 이키토스에서 대서양까지를 아마소나스라고 부른다. 반면 브라질에서는 이키토스에서 네그루 강 하구까지를 술리몽스, 네그루 강에서 대서양까지를 아마소나스라고 부른다.

아마존 강은 장장 6,400km에 달하는 엄청난 길이고 가장 넓은 폭은 65km에 달한다. 강의 길이로는 아프리카 대륙의 나일강에 이어 세계에서 두번째로 길다. 브라질을 지배했던 포르투갈어로는 베들레햄이란 의미를 지니고 있다.

아마존이 발원하는 브라질 북부 지역은 험한 자연조건 속에서 자연의 일부로 살아가는 사람들이 살아간다. 자연에 순응하며 서

로를 위하고 보듬어 주고, 비록 헐벗고 잘 먹지는 못해도 서로 잘났다 행복하다고 하지도 않는다. 주어진 삶의 환경에 아무런 불만없이 살아가는 저들의 삶의 모습은 경이롭다. 아마존에서는 타인을 사랑할 줄 하는 사람, 낯선 사람도 사랑할 줄 아는 사람이 되어야 한다.

세계에서 가장 아름다운 섬 중의 하나로 불리고 있고 화가 고갱이 그토록 사랑했던 타이히티섬, 서양사에서 가장 오래된 에게해의 미노아 문명의 탄생지인 크레타섬, 이런 섬들은 오랜 세월 동안 변함없이 아름다운 풍광과 역사를 간직한 채 관광객을 맞아준다. 그에 반해, 지금 아마존강 인근은 하루가 다르게 변하고 있다. 아마존은 전 세계에서 만들어지는 산소의 20%를 공급지는 '지구의 허파'이며, 전 세계 생물의 50%가 살아가는 '지구의 자궁'이다. 이 말은 곧 아마존이 사라지면 지구 5분의 1의 산소를 잃게 되며, 지구에 존재하는 절반의 생물들을 잃게 된다는 뜻이다.

국내의 어느 방송국에서 「아마존의 눈물」이라는 다큐멘터리가 방영되기 전까지만 해도 대부분의 사람은 지구 상에 아마존이 이렇게 중요한 존재였다는 사실을 모르고 있었다. 또 아마존이 화재와 난개발로 훼손되고 있다는 사실도, 아마존의 자원을 차지하려는 인간의 욕심과 어리석음이 지구의 환경에 얼마나 심각한 영향을 끼치고 있다는 사실도 알지 못했다.

아마존은 지구에서 가장 많은 물이 흐르고 전 세계에 산소를 공급하는 허파이며 동식물의 천국이다. 아마존 원주민들은 강물과 밀림의 자연 속에서 함께 살아가는 자연인이었다. 아마존은 지금

무리한 포획으로 생태계가 파괴되고, 마구잡이식 개발의 광풍으로 자연환경이 파괴되는 몸살을 앓고 있다. 풍경 좋은 곳에는 어김없이 건축물과 위락시설이 괴물같이 건설되고 있으며 그로 인해 아마존은 처참하게 파괴되고 있다. 뿐만 아니라 금을 캐려는 사람들 때문에 무성한 산림도 파헤쳐지고 있다. 이 과정에서 원주민들은 아예 이 지구상에서 사라질 위기에 처해 있다. 아마존을 파괴하는 이러한 무책임한 행동들은 아마존 지역이나 부족들만의 문제가 아니라 지구촌 전체의 커다란 위기이다.

아마존은 어느 누가 함부로 훼손할 수 있는 곳이 아니다. 영원히 소중하게 간직해야 할 선조와 후손들을 위한 공동의 유산이다. 인간이 저지르는 이 엄청난 파괴에 대해 누가 책임을 질 것인가. 인간과 자연이 공생하지 않으면 결국 우리의 미래에는 공멸의 길밖에 없다. 도대체 자신의 몸을 마음대로 파헤치고 정신을 함부로 갉아먹는 사람이 어디에 있을까. 인간의 탐욕과 식민주의의 역사는 끝이 없다.

아마존을 바라보면 영화 「미션」이 생각난다. 우리에게 '가브리엘의 오보에'라는 아름다운 음악과 아마존의 이과수 폭포 장면으로 유명하다. 그렇지만 이 영화를 볼 때마다 마음이 불편하고 백인 식민주의자들에 대한 분노가 치밀어 오른다. 영화는 제국주의 서구 열강 스페인과 포르투갈 군대가 남미 아마존 정복 쟁탈전을 벌이면서 원주민들에게 자행한 비인간적이고 잔혹한 학살과 범죄 행위들을 보여준다. 실제 역사는 이 영화에서의 묘사보다도 훨씬 더 상상을 초월할 만큼 참혹했을 것이다. 일제 강점기 시절의 일본군 앞잡이들의 모습을 연상하면 알 수 있듯이, 미국 역사가 아메리카 대륙에서 원주민들을 학살하고 백인들에 의해 이루어진 인디언 학살의 역사에서 보았듯이, 언제나 약육강식의 역사는 냉혹하다. 남미의 역사도 마찬가지다. 세계 어디에서나 개인적이든 집단적이든 이익을 위해서라면 수단과 방법을 가리지 않는 잔인하고 추악한 인간의 모습을 지켜보아야 한다는 사실이다. 이것이 인간의 역사이었다.

지금 우리에게 절박하게 필요한 것은 '새로운 인간학'이다. 자본과 개발의 논리가 내면화된 탐욕과 이기심과 경쟁의식에 찌든 '야만의 길'이 아니라, 진정으로 인간다운 품위와 존엄성으로 무장한 '인간의 길'을 가야 한다. 우리의 삶을 근원적으로 유린하고 왜곡하고 있는 경제논리와 개발 논리를 철저히 반성할 것을 요구하고 있다. 사람들은 지금 광란에 가까운 개발의 논리가 세계 경제를 위한 것이라고 이야기하고 있다.

아마존은 인간에게 하나의 살아있는 생명체이며, 그 속에서 우리는 도시 문명에서는 상상할 수 없는 무의식적인 힘과 활기를 얻을 수 있게 된다. 여기서 우리는 인간다운 삶의 길이라는 자양분을 얻을 수 있다. 자연은 언제 어디서나 자기 양만큼만 받아들이지, 인간처럼 탐내어서 저장하거나 가두지 않는다. 자연의 순환과 섭리는 많으면 나누고, 부족하면 보충한다. 강의 흐름도 전체의 순환과 생명의 원리에 따라 움직인다. 순환되지 못하는 강은 오염될 수밖에 없다. 그러나 인간은 강변에 집을 짓고 강을 가두어 강의 흐름을 가로막는다. 긴 세월의 순환이 파괴되면서 강은 그 자체의 생명력을 잃게 되었다. 자연은 인간의 삶과 그 운명을 같이 하는 분명한 힘으로 작용하고, 그리하여 자연과 인간은 공동체적 삶의 운명을 지니게 된다. 자연의 힘과 그 질서에 순응하며 자연의 순리에 맞추어 살아가는 인간은 평안한 삶을 영위해 나갈 수 있는 것이다. 그렇지만, 자연의 질서에 역행하는 인간은 결국 파멸을 하게 될 것이다.

미국의 인디언 추장의 표현에 의하면, 인디언 원주민들은 연못 위를 달려가는 바람 소리와 한낮의 비에 씻긴 소나무 냄새마저도 사랑하였다고 한다. 인간이 땅의 한 부분이고 땅은 인간의 한 부분이어서 인간과 자연은 생명과 영혼을 같이 나누어야 한다고 여겼다. 그들은 자연 속에서 식물과 새 그리고 곤충들과 화합의 자리를 만들고자 노력하며 이들이 자신과 평등한 관계 속에서 함께 살아야 할 존재라는 것을 잘 알고 있다. 고통과 슬픔의 역사를 품고도 자연은 인간을 위해 맑은 공기와 그늘로 자비심을 베풀고 있지만, 인간은 정해진 외길로만 달려가고 있다. 인간이 일구는 문명이 자연과 조화로운 일치를 이루지 못하게 될 때, 그것은 오히려 병폐에 불과하다. 인간은 도시 문명으로부터 과학적 이성적 지식을 배우지만, 자연으로부터는 더 큰 삶의 지혜와 정신을 배워야 할 것이다.

그러나 지금 우리가 얻는 것이 단기적인 경제적 이익일지 모르지만, 우리가 더 크게 잃는 것은 자신과 다음 세대들의 생명과 생존의 근본적인 토대이다. 지금 가장 필요한 것은 인간이 이 지구상에서 산다는 것의 진정한 의미가 무엇이며, 어떻게 사는 것

이 올바른 삶인가에 대한 철학적 성찰을 하는 일이다. 사람들은 이 지구와 인간을 어머니처럼 안아주는 자비로운 땅의 여신 가이아가 언제까지 우리를 보살펴줄 것이라고 생각하지만, 과연 가이아가 언제까지 이 지구상의 모든 생명들을 보살펴 줄 수 있을까.

지구가 아프고, 사람도 아픈 이 '고통의 축제' 속에 유일한 위안이라고는 봄 여름 가을 겨울이라는 계절의 순환과 그들이 벌이는 축제뿐이다. 세상이 온통 아픔과 슬픔으로 빠져드는 중에도 계절은 부지런히 바뀌면서 우리를 달래준다. 이 얼마나 다행스러운가. 아침저녁으로 가을바람이 불어주고 청명한 가을 하늘을 바라볼 수 있다는 것이 얼마나 감사한 일인가. 그렇지만 이 계절의 변화도 얼마나 갈지 알 수 없는 일이다. 자연은 인간에게 축복을 주고 있지만, 인간은 지구의 허파 아마존을 저주의 강으로 만들고 있다.

잃어버린 도시의 강
— 페루의 우루밤바강

페루로 가는 길은 길고도 멀었다. 국제선을 두세 차례 환승하기를 반복하여 마침내 수도 리마에 도착할 수 있었다. 도착하기도 전에 몸은 파김치가 되어 있었지만, 페루 곳곳의 불가사의한 모습들이 눈앞에 어른거렸다.

짙은 새벽안개에 싸여 있는 잉카 유적의 현장 마추픽추, 페루의 민속 의상을 입고 세 갈래의 머리를 늘어뜨린 인디오의 여인들, 아마존의 밀림 지대, 그리고 안데스산맥 속 어딘가에서 메아리치는 폴클로레의 멜로디 소리. 이렇게 페루는 남미의 모든 이미지를 지니고 있는 나라이며 남미의 모든 매력이 깃들어 있다. 예전에 남미 최대의 제국을 쌓았던 잉카를 비롯하여 페루에는 기원전부터 고대문명이 꽃피었다가 사라졌다. 그리하여 페루 여행에서는 머나먼 과거를 가까이에서 느낄 수 있는 불가사의한 매력이 여행객을 매료시킨다. 동시에 시내 곳곳에서는 서구 제국주의의 흔적이 여실히 남아있다.

시내에서 훌륭한 조각으로 남아있는 건물들을 바라보고 있노라면, 그 옛날 잉카문명을 억누르고 식민시를 개척한 스페인의 위용과 이곳에서 캐낸 황금으로 호화스러운 궁정 생활을 한 제국주의자들의 모습을 짐작할 수 있다. 아르마스 광장의 중심에 위엄 있게 서 있는 대성당도 바로 스페인 정복자에 의해 지어진 것이다. 대성당과 같은 모습은 남미의 여러 도시에서 볼 수 있는 풍경이지만 특히 리마의 대성당은 더욱 색다른 의미를 지닌 것이다. 이 건물은 1535년 리마 시 건설의 날 남미 최고의 정복자 프란시스코 피사로가 직접 손으로 초석을 놓은 페루에서 가장 오래된 대성당이라고 한다. 피사로가 페루에 상륙한 것은 '황금의 도시'라고 소문난 잉카 제국을 손에 넣기 위해서였다. 당시의 많은 스페인의 야심가들이 황금의 도시 엘도라도를 찾아서 신대륙 곳곳을 떠돌아다녔다. 그 선봉자는 프란시스코 피사로였다.

페루의 수도 리마는 남미의 입구로서 브라질의 상파울루나 리우데자네이루와 함께 남미로 들어가는 입구의 역할을 하는 곳이다. 리마의 호르헤 차베스 국제공항은 남미 제일의 현대적인 공항이다. 비행기에서 내려 사람들을 헤치고 밖으로 나오니 무더운 공기가 몸을 감싼다. 이곳 리마는 사계절 내내 거의 비가 내리지 않는다고 하는데 5월이 되면 '잉카의 눈물'이라고 부르는 안개비가 약간 내릴 뿐이라 한다. 추수감사절이 가까운 때라 맑은 가을 하늘이 기대 되었지만, 하늘은 비라도 올 듯이 잔뜩 흐려 있었다. 사람들에게 물으니 비가 올 날씨는 아니고 아마도 시내 전역을 다니는 자동차들에서 지독하게 내뿜는 매연 때문인 듯했다. 흥미로운 사실은 아마도 세계 각지에서 한국 자동차가 가장 많은 도시가 리마가 아닐까 할 정도로 한국 자동차가 많았다.

수백 년의 세월이 지났지만 아직도 페루의 수도 리마에는 제국주의의 흔적이 그대로 남아있다. 구시가지의 아르마스 광장에는 대성당이 솟아있고, 그 주위에는 식민지 시대의 위엄을 나타내겠다는 듯이 정부청사와 시청사가 수백 년의 역사를 간직한 채 여행자들을 맞이한다. 리마 시내를 걷고 있으면 스페인 식민지 시대의 문화와 근대 문화가 서로 뒤섞여 공존하고 있다는 것을 느끼게 된다. 내일이면 이번 여행의 백미라고 할 수 있는 마추픽추가 있는 쿠스코로 가야 한다.

리마공항을 이륙한 경비행기는 한 시간 정도의 비행 후에 쿠스코 공항에 도착했다. 케추아어로 배꼽(또는 중앙)을 의미하는 쿠스코는 3,399m의 안데스 분지에 자리 잡고 있는 도시로 그 옛날 잉카 제국의 수도답게 잉카 고대문명의 흔적이 도처에 남아 있는 도시이다. 태양신을 숭배한 잉카 사람들은 쿠스코가 세계와 우주의 중심이라고 생각했다. 그리고 그들은 하늘은 독수리, 땅은 퓨마, 땅속은 뱀이 지배한다고 믿고 있다. 이러한 정신세계를 반영하듯 쿠스코는 도시 전체가 퓨마 모양을 하고 있으며, 그 머리 부분에는 사크사이와만 유적지가 자리하고 있다. 16세기 스페인의 정복자들에 의해서 잉카인은 산속으로 쫓겨 갔다. 그들이 쫓겨난 자리에 스페인 사람들은 교회와 저택을 지었다. 잉카사람들이 살던 삶의 터전과 스페인 사람들이 새로 지은 건물이 이상한 대조를 이루며 현재의 쿠스코를 아주 특별하고도 무언가 우울한 도시로 보이게 하고 있다.

세계 곳곳의 위대한 문명이 영광과 오욕의 역사를 간직하고 있는 거와 마찬가지로 잉카문명도 영광과 함께 스페인 지배 아래 멸망한 슬픈 역사를 간직하고 있다. 15세기 말부터 시작된 유럽의 신대륙 탐험과 더불어 신대륙을 찾아서 건너온 스페인 사람들에 의해 잉카문명은 비극을 맞게 된다. 스페인의 프란시스코 피사로에게 잉카 황제 아타와르파가 처형됨으로써 400여 년에 걸친 잉카문명이 막을 내리게 되는 것이다. 그 후 페루는 19세기 초반 독립할 때까지 스페인의 식민지로서 억압과 착취의 세월을 보내게 된다.

마추픽추를 비롯하여 쿠스코의 근교에는 잉카 시대의 유적이 그대로 남아 있다. 카미노 델 잉카라고 부르는 잉카 시대의 길이 있는데 당시에 잉카가 지배하고 있던 지역으로부터 쿠스코로 집중해 있다. 지금의 도로도 잉카의 길을 근거로 하여 만든 곳이 많고, 당시의 다리나 터널, 안데네스라고 부르는 계단밭, 관개용 수로 등은 지금도 그대로 사용되고 있다. 잉카 사람들은 스페인의 정복자들에 의해 그 옛날 어디론가로 사라져 버렸다고 생각되지만, 아직도 잉카인들은 자신들의 삶을 그대로 간직하고 있었다.

쿠스코 시내 곳곳에 있는 석조건물들을 보고 있노라면 풀리지 않는 의문에 잠기게 된다. 면도날 하나 통하지 않을 정도로 빈틈없이 치밀하게 쌓은 석공 기술을 지닌 잉카의 사람들은 도대체 어디에서 왔다 어디로 가버린 것일까? 잉카족 발생의 전설에는 두 가지가 있다. 그 하나는 잉카 왕조를 최초로 열었던 망코 카파크가 티티카카 호수에 나타나 태양신의 아들로서 주변의 백성들을 지도하면서 쿠스코 분지로 왔다고 하는 전설이다. 다른 하나는 창조신 비라코차의 명령을 받은 8명의 형제자매가 쿠스코에 이주해 왔다고 하는 전설이다.

잉카 제국이 융성하게 된 것은 탁월한 농업생산과 사회조직에서 혁명적인 방식이 도입되었기 때문이라고 한다. 이런 농업을 가능케 한 것은 쿠스코에 우루밤바강이 있기 때문이다. 강은 길이가 724km이다. 안데스산맥에서 발원하여 푸노주 경계 근처의 쿠스코 시가지 남동부까지 흐른다. 모든 강은 지역 문명의 발전에 결정적 영향을 준다. 우루밤바강도 쿠스코 지역에 계단식 밭에 의한 곡류 생산, 키푸라고 하는 매듭에 의한 농지관리, 발달한 도로망, 집단 노동 등 쿠스코의 발전에 중요한 바탕을 제공했다.

쿠스코에서 마추픽추로 가는 협궤 열차는 중간중간에 몇 차례 좁은 철로의 노선을 바꾸어 가며 힘겹게 산속을 달려가고 있었다. 말이 달려가는 것이지 아마도 시속 30~40킬로도 안될 정도의 속도로 숨을 헐떡이며 움직여 가고 있었다. 한참을 그렇게 움직여 가다가 왼쪽으로 우루밤바강을 낀 계곡이 나오고, 오른쪽은 깎아지른 동안데스 산맥의 봉우리들이 만년설을 이루며 나타났다.

3시간 가까이 달린 열차는 베로니카 봉을 비롯하여 웅장하고 아름다운 설산들을 지나고 아구아스 카리엔테스 역을 통과하여 마추픽추 아래의 푸엔테 루이나스 역에 도착한다. 역은 해발

2,000m로 쿠스코보다 약 1,500m 낮은 곳에 있어서 공기가 따뜻하게 느껴지며 이상할 정도로 평온한 느낌을 주는 곳이었다. 역 앞에 당도하니 마추픽추까지 가는 미니버스가 대기하고 있었는데, 이 버스를 타고 다시 20분 정도를 올라가야 마추픽추에 도착하게 된다. 언덕길은 발견자의 이름을 따서 하이람 빙검 도로라고 부른다.

구불구불한 산길을 굽이쳐 오르기를 수십 차례, 갑자기 눈앞에 무슨 환상과 같이 사람들이 살았던 도시가 갑자기 확 나타났다. 이곳이 바로 잉카인들이 정복자 스페인 사람들을 피해 천년왕국으로 꿈꾸며 건설했던 도시인 것이다. '공중 도시', 그렇다. 잉카인들은 정복자들의 피하기 위하여 산속에 비밀 도시를 만들었다. 그렇지만 어느 날 잉카인들은 스페인 정복자들이 이곳까지 들이닥치는 것을 보고 도시를 불태우고 다시 어디론가 사라져 버렸다.

1만 명이나 되는 사람들이 살던 잉카의 요새 도시 마추픽추는 1911년 하이람 빙검에 의해서 발견되었을 때는 풀에 묻혀있는 폐허였다. 마추픽추는 해발 2,280m의 산정에 있다. 주위에는 높은 산들과 절벽이 놓여 있고, 우루밤바강 유역은 열대우림이 무성한 정글로 아래에서는 물론 볼 수 없고, 공중에서만 존재를 확인할 수 있다는 점에서 '공중 도시'라고 부르고 있다. 눈 아래로는 실처럼 가늘게 흐르는 우루밤바강과 현기증을 일으킬 것 같은 절벽이 내려다보인다. 마추픽추가 '늙은 봉우리'라는 의미를 지니고 있다면, 와이나피츄는 마추픽추의 배후에 솟아있는 '젊은 봉우리'를 의미한다. 이곳 정상에서는 당연히 마추픽추의 전망을 가장 잘 볼 수 있는 곳이다. 그렇지만 산정으로 올라가는 길이 가파르고 위험해서 오를 수 없었다.

공중에서 본 마추픽추 유적의 가장 오래된 부분은 지금부터 2,000년 전에 만들어졌다고 하지만, 적어도 잉카 이전부터 존재해 왔다고 얘기된다. 스페인 정복 후 쿠스코나 다른 도시는 모조리 파괴되어서 잉카의 건축양식을 충실하게 재현하는 것이 매우 곤란했다. 그러나 마추픽추만은 그런 잉카 시대의 잃어버린 과거가 손닿지 않은 채로 남아 있는 유적이었다. 하이람 빙검이 이곳을 '잃어버린 도시'라고 불렀던 것도 이 때문이다.

마추픽추의 많은 유물과 유적들이 잉카의 슬픈 유산으로 남아 있다. 잉카 문명은 저 장대한 마추픽추의 유적을 통해서 재평가되었다고 해도 과언이 아니다. 그러나 저같이 위대한 문명을 일으켰던 잉카 사람들은 스페인 제국주의자들의 침략에 의해 다시 어디론가 떠나지 않으면 안 되었다. 자신이 잉카인의 후예임을 자랑스레 여기고 우리에게 잉카 문명과 마추픽추에 대해 땀을 흘리며 열심히 설명하던 인디오가 안데스의 원주민들이 사용하는 전통악기인 피리를 꺼내 '엘 콘도 파사!(철새는 날아가고!)'를 애절하게 불고 있다. 그 애절한 곡조는 한참 동안 마추픽추의 하늘을 맴돌다가 잉카 사람들이 떠난 아마존의 숲 어딘가로 흘러가고 있었다.

마추픽추를 비추는 태양은 더욱 강렬하고 붉게 보였다. 저 멀리 마추픽추의 역사와 삶의 애환을 다 알고 있다는 듯이 우루밤바강이 유유히 흐르고 있다. 잃어버린 도시, 잃어버린 문명, 그 위로 한 무리의 철새가 날아가고 있었다. 엘 콘도 파사!

위대한 강
— 미국의 미시시피강

미시시피라는 이름은 아메리카 인디언의 언어에 의하면 '위대한 강'이라는 말이다. 미시시피는 미국 중부를 북에서 남으로 관류하는 미국 최대의 강이고, 나일강 · 아마존강 · 양자강에 이어 세계에서 네 번째로 긴 강이다. 유역 면적도 아마존강 · 콩고강에 이어 역시 세계 제3위이다. 미시시피강의 본류는 캐나다와의 국경에 가까운 미네소타주 북부의 이타스카호에서 발원하여 남으로 멕시코만으로 흘러든다.

미시시피 강이 가장 아름답게 보이는 곳은 세인트 루이스 대성당 앞 카페에서 바라보이는 풍경이지만, 미시시피강 크루즈를 타고 나가면 강의 속살을 구석구석 볼 수 있다. 강을 다니다 보면 떠오르는 작가가 마크 트웨인이다. 19세기 미국의 대표적인 작가인 마크 트웨인은 4살 때부터 살았던 미시시피 강변을 작품의 배경으로 삼아 『톰 소여의 모험』, 『허클베리 핀의 모험』, 『미시시피강의 추억』의 이른바 '미시시피 3부작'을 창작했다.

『허클베리 핀의 모험』은 미국 현대 문학 최고의 걸작으로 널리 인정받고 있는 작품이다. 『허클베리 핀의 모험』은 어릴 적 누구나 만화와 영화나 책으로 접했던 익숙한 소설이다. 어릴 적부터 읽었던 이 책은 주인공과 같이 새로운 세상으로 떠나겠다는 호기심과 흥미를 불러 일으켰다. 수많은 고전을 읽지만 노년의 나이에 다시 접하게 된 마크 트웨인의 작품에서 인생의 깊은 맛과 묘미를 찾아낼 수 있다. 자유와 이상을 찾아 떠난 두 소년의 뗏목 모험, 그를 통한 미국 노예제의 의미를 읽게 된다. 주인공의 모험 속에 숨겨진 다양한 미국사회의 진실과 영혼이 하나하나 다가와 말을 걸기 시작하는 것이다. 무엇보다 이 소설은 당시 미국 사회에서도 첨예한 문제였던 노예제도와 인종차별 문제를 공론화시켰다는 점에서 큰 의의가 있다.

작품의 배경이 되는 19세기 미국은 농업이 활발하던 남부와 상공업이 발달한 북부 사이에 노예제를 둘러싸고 대립이 심하였고, 남북전쟁 이후 북부가 승리하면서 급속한 산업화를 겪던 시기였다. 작가는 당시 미국 사회와 도덕의 딜레마를 풀어나가고자 했고, 주인공 노예 짐과 헉이 뗏목을 타고 내려가는 과정이 자기발견의 여정이었다는 점도 중요하다. 자유를 찾아가는 두 주인공의 자유와 이상에 대한 열망은 결국 진정한 인간 정체성을 찾아보겠다는 의지였다. 이를 통해 초기 자본주의 시기 미국 속에 존재하던 자유와 평등, 그리고 희망의 모습을 찾아볼 수 있다. 작품에는

'미국의 꿈', 즉 민주주의의 이상을 구현할 공간으로서의 미국이 적나라하게 나온다. 이런 의미에서 미국 현대문학은 '허클베리 핀의 모험'에서 비롯됐다고 해도 과언이 아니다.

고대와 중세시대를 거쳐 현대에 이르기까지, 인류 역사에 뿌리 깊게 박힌 노예제도와 이를 철폐하기 위한 고난과 저항의 역사는 계속되고 있다. 세상의 모든 사람들은 평등하게 살아갈 이유가 있다. 하지만 노예제도는 그 형태를 달리하여 바로 지금 이 순간에도 세계 곳곳에서 그 강력한 힘을 발휘하고 있다. 어느 누구의 따뜻한 손길도 받지 못한 채 단지 피부색이 다르다는 이유로, 그곳에서 태어났다는 이유만으로 고통스러운 시간 속에 서 있는 것이다. 지금도 끝나지 않은 노예제도에 대한 긴 투쟁의 역사, 누군가 다른 사람을 소유하거나 절대적으로 지배하는 노예제도는 수많은 인간의 운명을 좌지우지했던 제도였다.

그런데 놀랍게도 노예 제도와 인종차별은 세계 곳곳에서 엄존하고 있다. 노예제도는 무엇보다도 모든 인간은 사랑하고 사랑받고 싶은 감정이 있다는 사실을 부정한다. 세계 곳곳에서 노예제도를 두고 극심한 전쟁도 치러냈지만, 그리고 평등과 정의를 향한 노력은 계속되어 왔지만, 아직도 노예제도는 역사 속에 끈질기게 남아 있다. 흑인들의 미대륙 강제이주 이래로 흑백 갈등으로 인한 공동체가 붕괴되고 인종 차별이라는 잘못된 이데올로기는 아직도 존재하고 있다.

트웨인은 "나에게는 인생에서 두 가지 꿈이 있는데 하나는 수로 안내인이고, 다른 하나는 문학"이라는 내용의 편지를 형에게 보냈다. 문학의 꿈은 가장 미국적인 작가로 명성을 떨치며 이뤘고, 수로 안내인의 꿈은 자신의 문학 속에 투영시킨 셈이다. 허클베리핀이 놀던 미시시피강을 떠올리며 미시시피강 유람선에 올랐지만 세상의 올바른 진실과 양심을 찾고자 하던 마크 트웨인의 동심과 꿈은 상실되고 없다.

무언가를 그리워하는 것은 새로운 꿈에 대한 가능성을 지니는 것을 말한다. 이 가능성이 적다고 해서 꿈꾸기를 그만둘 수는 없다. 버리기에는 꿈이 너무 아쉽고 안타깝다. 그래서 오늘도 새로운 꿈을 꾸며 사람들은 흐르는 강을 바라보고 먼 곳을 쳐다본다. 트웨인은 강가에서 이룰 수 없는 외롭고 쓸쓸한 꿈을 품은 사람일 것이다. '한 그리움'은 '다른 그리움'을 부른다. 누구나 그리움이 되어 보이지 않는 다른 꿈과 희망을 그리워한다. 그러면서 마음속의 편지를 쓴다. 기약할 수 없지만 언젠가 우리는 다시 만날 것이다. 어느 날엔가 나의 꿈과 너의 꿈은 하나가 될 것이다. 그들이 하나가 되는 소망을 담은 편지는 누구에게도 전달되지 못할지 모른다. 그렇지만 이 꿈을 포기할 수는 없다. 꿈과 희망이 없다는 것은 저 강을 포기하는 거와 같다. 눈앞의 강은 아직 끝나지 않고 흐르고 있듯이 우리의 꿈도 아직 끝나지 않았다.

꿈과 그리움은 재즈를 만들었다. 뉴올리언스는 미시시피강 하구에 자리 잡은 재즈의 고장이다. 미시시피강 유람선을 타거나 카페를 들어가거나 산책길을 따라 걷다 보면 어디서나 재즈가 흘러나온다. 재즈의 어원은 야비하고 외설스러운 뜻을 지닌 영국의 고어古語 '재즈(Jazz)'에서 비롯된 것이라는 설, 19세기부터 미국 남부 흑인들의 고향에 대한 그리움을 슬프고도 고즈넉한 템포나 리듬을 통해 표현한 것이라는 설이 있다. 재즈하면 어두침침한 바에서 흘러나오는 느릿한 리듬과 귓속으로 파고드는 다소 어두운 악기 연주가 연상된다. 그래서 재즈는 깊고 진한 울림을 가지고 있기 때문에 가볍게 듣기에는 조금 힘들다는 인상을 준다. 중장년층이나 마니아층이 듣는 음악이라는 편견을 가지기 쉽지만, 알고 보면 재즈는 당대의 가장 반항적이며 젊고 유행을 앞서가는 음악 장르였다. 재즈의 강렬하고 자유분방한 선율 속에는 미국의 역사와 재즈 음악가들의 극적 인생사가 녹아있다. 재즈의 배경에는 흑인이 아프리카에서 끌려와 노예가 되어야 했던 시대, 당시 흑인들의 핍박과 불평등에 대한 분노가 담겨있어 그 증오와 저항의 심정을 표출하고자 하는 감정이 음악 속에 용해되어 있는 것이다.

뉴올리언스의 항구 어딘가에서는 오늘도 재즈의 우울한 음색 속에 흑인들의 삶과 역사를 담은 채 미시시피강과 함께 흐르고 있다.

사라지는 오로라

— 알래스카의 빙하

오로라는 좀처럼 모습을 드러내지 않았다. 칠흑 같은 어둠 속에서 찬란한 모습을 드러내길 기다렸지만 오로라는 끝내 나타나지 않았다.

자연이 만들어내는 가장 아름다운 경이驚異라는 오로라를 만나기 위해, 지상의 마지막 남은 순백의 빙하를 찾기 위해 북극으로 떠났다. 오로라와 빙하 천국이라는 알래스카를 자동차로 달리면서도 나는 오로라를 볼 수 없을지 모른다는 초조감을 느꼈다. 지금 내가 달리며 내뿜는 자동차의 매연에 질린 오로라가 어찌 그 모습을 보여줄 것인가. 이렇게 생각하면서도 알래스카의 페어뱅크스를 지나 북극선 위 카츠브 지역까지 차를 몰고 신나게 달렸다. 그곳은 여름 석 달은 밤이 없는 지역이고, 겨울 두 달은 낮이 없는 지역이다. 어둠이 밀려와 세상은 고요해져 갔지만, 북극곰과 나무와 꽃들은 잠들지 못했다. 그들은 수런대며 이 세상과 인간에 대해 근심하고 있었다. 그들의 가장 큰 걱정은 인간이 이제 더는 자연과 함께 어울리며 살려 하지 않는다는 사실이다.

오로라는 라틴어로 '새벽'이라는 의미를 지니고 있다. 오로라는 빨강 초록 노랑의 다양한 색채로 물감을 풀어 놓은 듯 칠흑의 하늘에 커튼처럼 펼쳐진다. 별이 빛나는 밤하늘 위에서 펼쳐지는 이 광경을 보고 있으면 누구라도 자연에 대해 경이로움을 느끼지 않을 수 없다. 이 신비하고 아름다운 자연 현상은 인간의 힘으로는 도저히 흉내 낼 수 없는 것으로 그린란드와 알래스카 같은 북극 지방에서만 간혹 볼 수 있다. 태양에서 방출된 빛의 일부가 지구 자기장에 이끌려 대기로 진입하면서 공기 분자와 반응하여 나타나는 현상이다. 이런 신비롭고 아름다운 자연현상이 나타난다는 것은 이 지역이 아직 철저하게 원시적 자연 상태로 보존되고 있다는 사실을 말해준다.

원주민들은 오로라를 '공놀이'라고 부른다. 오로라를 보면서 휘파람을 불면 오로라가 가까이 굴러 다가오고, 개처럼 마구 짖으면 오로라가 사라지기 때문이다. 또한 오로라는 이승을 떠난 영혼들이 저승에 모여 있다는 증거라고 한다. 오로라는 길을 잃고 방황하는 나 같은 여행자를 최종 여행지까지 안내하는 또 다른 영혼이라고 사람들은 믿고 있다. 어둠의 밤하늘을 바라보면서 오로라가 나타나기를 기다리고 있는 나는 이 풍진 세상에서 홀로 떨어져 헤매고 있는 슬픈 영혼이다.

우리는 모두 한조각 별이 되어 어둠 속에서 헤매고 있다. 한 많은 이승에서나 아득한 저승에서나 별이 되어 별의 언어를 주고받으며 다시 한 몸이 되고자 한다. 우리는 별에서 태어나 별로 살다가 별로 환생할지 모른다. 너와 나는 죽어서 별이 되어 저 밤하늘에서 다시 만나리. 별들로 모여 옛이야기를 나누며 또 다른 추억을 쌓아갈 것이다. 사백삼십 광년을 달려 이제 막 지구에 도착한 북극성처럼, 우리는 별이 되어 뒤늦게나마 서로의 헐벗은 영혼을 달래줄 것이다. 오로라는 슬픈 영혼을 달래주려는 또 다른 영혼의 불빛이다.

그 옛날에는 모두가 하나였다. 밤하늘에 모인 별들이 하나가 되어 서로를 다독이고 있듯이, 강을 만나면 물이 되어 함께 건너고자 했다. 하늘과 별, 강과 물, 모두가 하나였다. 바람이 불어도 우리는 함께 넘어지고 함께 일어났다. 번개와 홍수도 우리를 갈라놓지는 못했다. 그렇지만 언제부터인가 우리는 흩어지고 멀어졌다. 알래스카와 북극 지역에서 자연은 있는 모습 그대로 인간을 맞이하고 보낸다. 쓰러진 나무는 쓰러진 대로 썩은 나무는 썩은 대로 또 다른 생명을 탄생시킨다. 알래스카는 인간 삶과 자연의 적층積層이 어떻게 쌓여 왔고 어떻게 무너져 내리고 있는가를 보여준다. 무너진 아름드리 큰 나무에 나이테가 선명하게 드러나 있다. 나는 그를 통하여 세월과 기억의 적립을 읽을 수 있었다. 나이테에는 지난 시간의 아픔과 슬픔이 담겨 있다. 나이테는 자연의 역사이며 인간의 역사이다.

이곳에서는 오래된 숲을 베어내어 길을 만들고 도시를 만든다는 것은 상상할 수 없다. 자연은 천년의 세월을 묵묵히 견뎌내고 있다. 견딘다는 것은 인간에게만 특화된 일이 아니다. 저 오랜 세월을 꿋꿋이 견디어 가는 자연의 만물을 볼 때 저들이 살아가는 고난의 무게가 얼마나 위대한 것인지를 실감하게 된다. 인간 삶이 이 우주를 지탱하는데 아무리 엄청난 공헌을 했다고 하지만 인간이 만든 상처는 너무 깊다. 또한 그것을 치유하는 것이 얼마나 가능할까.

지구온난화 현상으로 전 지구가 폭염에 휩싸여 있다는 소식이다. 알래스카와 북극 지역도 섭씨 30도를 오르내린다. 이곳 기상관측 이래 최고의 더위라고 한다. 북극 지역의 이상 기후에 에스키모 후예인 원주민들도 공포에 떨고 있다. 수백 년 동안 자연 상태를 유지하던 만년설과 빙하가 녹아내리고, 집을 잃은 곰들은 여기저기 헤매며 눈물을 흘리고 있다. 이 모든 것은 인간이 스스로 만든 재앙이다.

인간은 자신들의 위대한 업적을 자랑하고 있지만, 지금 지구는 축복과 재앙의 갈림길에 서 있다. 북극의 녹아내리는 빙하를 통하여 나는 불을 본다. 인간이 대지에 질러대는 거대한 불 난리로 인해 빙하는 거침없이 녹아내리고 있다. 지구는 이글대는 화로가 되어가고 뜨거운 열탕이 되어간다. 인간은 자연을 침탈하고 살육하지만, 자연은 여전히 어디서나 너그럽다. 인간과 달리 자연은 모든 것을 용서해주며 제 자리에 서 있다. 곰과 펭귄과 연어에게 돌아갈 집이 사라진다는 것은 슬픈 일이다. 집을 잃은 자들은 어디서나 처참하다. 이제 그들에게 낯익은 보금자리는 아무리 찾아보아도 사라지고 없다.

그러면서도 사람들은 자연을 찬미하고 시를 짓는다. 하늘에 떠 있는 구름과 별이 아름답게 보이지만 그건 어디까지나 눈앞의 현상일 뿐이다. 그 아래에는 죽음이 있다. 시인은 구름과 별을 바라보면서 위대한 생명을 노래하고 있지만, 그것은 곧 죽음을 노래하는 것이다. 알래스카 데날리의 거대한 자연 속에서도 동물과 꽃과 나무들은 저마다 제 자리에서 아름답고 신비로운 존재 가치를 보인다. 아무것도 아닌 듯 그 자리에 가만히 서 있는 것만으로도 위대한 일이다. 인간이 이 세상의 주인이 아니라 그들이 주인이다.

그렇지만 인간의 탐욕은 끝이 없다. 하루가 멀다고 여기저기 파헤쳐 집을 짓고 도로를 만든다. 자연에 앞서 인간이 먼저라고 하면서, 수백 년 동안 자라온 나무를 베어내고 숲을 없애는 것을 예사로이 생각한다. 그들은 무지하게도 자연이 없어지는 것이 곧 인간이 멸망하는 길이라는 사실을 모르고 있다. 자연이 없다면 인간이 이 지구상에서 살아갈 수 있을까. 우리에게 숲과 나무와 물이 없다면 인간이 어떻게 살아갈 수 있을 것인가. 인간도 결국 집을 잃고 여기저기 헤매고 있는 북극곰과 같은 운명이 될 것이다. 이런 사실을 아는지 모르는지 오늘도 인간은 자연을 끊임없이 파괴하고 있다. 지금 북극곰이 흘리는 눈물을 머지않아 인간도 흘리게 될 것이다.

빙하가 녹아내리고 오로라가 사라져 가지만, 인간은 자연에 대해 갈수록 교만해져 가며 자연을 이용대상으로만 생각한다. 나는 북극 지역에서 수 백 년 된 빙하가 바닥을 드러내면서 녹아가는 것을 바라보면서 이제 곧 이 지구에 종말이 올 것이라는 생각을 했다. 그렇지만 사람들은 당장 내일 지구가 망한다고 해도 이 지구를 파헤치고 이용하는 데만 골몰할 것이다. 푸른 지구는 자꾸 자꾸 검게 변해 간다.

우리에게 희망이 있는가. 어디에서도 희망의 모습은 찾아보기 힘들다. 자연에서는 희망을 볼 수 있지만, 인간에게서는 절망의 모습만 보인다. 사람들이 이 세상에서 저지르는 탐욕과 집착과 타락의 모습에서 희망이라는 단어를 찾아보기란 쉽지 않다. 인간이 자연을 돌보는 것이 아니라 자연이 인간을 돌보아야 할 단계에 이르고 말았다. 봄날의 나비처럼, 여름의 산들바람처럼, 가을의 단풍처럼, 겨울의 흰 눈처럼 살아가야 할 것이지만 인간은 오직 혼자만 잘 살기 위해 몸부림친다.

오로라는 결국 그 모습을 드러내지 않았다. 아니 오로라는 이제 영원히 그 모습을 인간에게 보여주지 않을지 모른다. 앞으로 갈수록 자연은 인간에게 축복이 아니라 저주를 줄 것이기 때문이다. 찬란한 '새벽'이라는 축복이 아니라 어두운 '밤'의 서주를 줄 것이다. 어둠이 지나야 빛나는 태양이 뜬다고 하지만, 인간이 살아가는 이 초록별 지구에는 밝음보다는 어둠이 짙어가고 있다. 인생이 그렇듯이 언제나 저무는 시간은 빨리 왔다 빨리 간다. 시간이 흐르고 세월이 간다는 것은 우리가 가장 사랑하는 것들과 서서히 작별하는 것이다. 인간에게 유토피아가 어디에도 없는 것이 되어 버렸듯이 오로라도 우리에게 영원히 오지 않을 것이다.

오로라는 나타나지 않고 밤하늘은 더욱 어두워져 갔다.

— 알래스카의 빙하

축복받은 땅의 강

— 캐나다 밴프의 보우강

캐나다를 여행하다 보면 이 나라는 참으로 하늘의 축복을 받은 나라라는 생각이 절로 든다. 이웃해 있는 미국과는 다르고, 오랜 통치를 받았으면서도 영국과도 또 다르다. 방대한 면적의 땅덩어리를 가지고 있지만, 개발 억제를 최우선으로 하는 나라, 늘 한결같은 듯하면서도 제각각 아름다운 자연의 웅대함을 지니고 있는 나라가 바로 캐나다이다.

잘 알려진 대로 캐나다는 세계에서 중국 다음의 방대한 국토에 엄청난 천연자원을 가진 나라이다. 특히 넓은 국토에 비해 인구수는 고작 3천 5백여 만명으로 세계 37위에 지나지 않는다고 하니 얼마나 살기 좋은 나라인지를 짐작할 수 있다. 좁은 땅 위에서 한 평이라도 더 넓은 공간을 차지하기 위해 눈만 뜨면 다툼하는 우리나라 사람들 생각을 하면 넓은 땅에서 사는 사람들의 여유와 느긋

함이 부럽기 짝이 없다. 10개의 주와 3개의 준주를 가진 캐나다는 워낙 큰 나라이기에 각 주마다 볼거리도 많고 저마다 삶의 특징을 지니고 있다.

하지만 이 나라를 찾는 여행객들에게 압권은 바로 캐나디안 로키의 웅장한 자연의 매력이라 할 수 있다. 그렇지만 캐나다의 광대한 땅 서쪽에 자리 잡고 있는 캐나디안 로키도 관광지로 인위적으로 개발된 곳이라기보다는 자연의 아름다움을 원시적으로 그대로 간직한 곳이라고 할 수 있다. 대한민국에서는 설악산을, 스위스에서는 알프스산을 꼭 가봐야 하듯이, 캐나다에서 캐나디안 로키의 웅장한 자연을 보지 않고서 캐나다를 이야기할 수 없다.

캐나디안 로키 국립공원은 캐나다의 앨버타주와 브리티시 컬럼비아주의 경계를 이루고 있는 산맥으로 북미 대륙의 알래스카 데날리 공원에서 시작하여 로간산과 캐나디안 로키를 거쳐 남으로 미국의 글레이셔, 옐로스톤 국립공원, 그리고 콜로라도, 유타, 뉴멕시코, 애리조나까지 이어 뻗쳐 있는 장대한 로키산맥의 일부이다. 캐나디안 로키는 네 개의 국립공원과 세 개의 주립공원으로 이루어져 있으며, 공원 내에는 밴프, 레이크 루이스와 재스퍼라는 세 개의 타운이 있다. 자동차를 타고 달리다 보면, 대자연의 파노라마같이 도로 따라 펼쳐지는 만년설의 봉우리와 빙원, 빙하, 호수는 이루 헤아릴 수 없이 많다. 해발 3,954m의 롭슨 산을 비롯하여 3,000m가 넘는 산이 무수히 많다. 레이크 루이스를 비롯한 크고 작은 수많은 아름다운 빙하호가 곳곳에 있으며, 오하라 호수는 해발 2,000m에 위치하고 있다.

해발 3,000m 전후의 봉우리와 평원에는 컬럼비아 빙원을 비롯한 크고 작은 수많은 빙원이 펼쳐져 있고, 빙원과 호수 사이는 빙하로 연결되어 있다. 수십 미터에서 1,000m에 이르는 빙폭이 수백 · 수천 개가 산재하여 있어 가히 빙폭 등반의 천국이라 할 수 있다. 또한 각 봉우리마다 수백 미터에서 2,000여 미터의 거대 빙벽이 있어 빙벽 등반지로서도 손색이 없다. 이외에도 인접 지역인 '부가부 산악휴양지역'은 화강암의 밀집 지역으로 수백 미터에서 1,000m의 암벽 코스가 수백 개가 있다. 가히 캐나디안 로키 지역은 국내에서 자세히 소개되지 않았을 뿐 천혜의 관광지일 뿐만 아니라 산악인의 천국이라 할 수 있다.

캐나디안 로키와 미국 쪽 로키와의 가장 큰 차이점은 천혜의 자연적 모습을 그대로 간직하고 있다는 점이다. 캐나디안 로키는 인공적인 미가 가미된 미국 쪽 로키에 비해 손상이 안 된 자연 그대로의 모습이어서 더욱 웅장하고 아름답다. 캐나다의 첫 번째 국립공원인 밴프 국립공원은 캘거리에서 차로 한 시간 반 정도 소요되는 캐나디안 로키의 관문이다. 캐나다 횡단 하이웨이와 대륙 횡단철도가 지나가는 교통의 요지이자 최고의 관광지이기도 하다.

만년설을 이고 선 삼천 미터가 넘는 바위산, 푸르다는 표현으로는 성이 안 찰 정도로 아름다운 미네완카 호수, 병풍처럼 둘러친 로키의 산자락 안에 있는 밴프 스프링스 호텔의 위용, 그리고 산과 호수 곳곳에 자리 잡고 있는 아름다운 별장들을 다 보기도 전에 사람들은 로키에 압도당한다. 특히 '미네완카'란 인디언 말로 '영혼의 호수'라는 뜻인데, 죽은 사람의 혼이 이 호수에서 서로 만난다고 한다. 그래서 이 호수에서 손을 씻으며 생각하는 사람은 반드시 죽은 후에 다시 만나게 된다고 한다. 빙하가 녹아내려 생긴 푸르디푸른 호수를 바라보면서 그 물에 손을 씻고 있으면 과연 내가 후생에서도 만나게 될 사람이 누구일까를 생각해 본다.

캐나디안 로키의 이같이 아름다운 경치로 인해 흔히 세계 영화의 촬영지로 유명하다. 이곳에서 촬영된 대표적인 영화로는 매릴린 먼로와 로버트 밋첨이 주연한 영화 「돌아오지 않는 강」, 브래드 피트의 「가을의 전설」 등이 있다. 영화 「돌아오지 않는 강」은 보우강과 보우 폭포에서 촬영되었다. 보우 강은 밴프 시 북쪽 약 100km 지점의 보우 패스에서 시작되어 캘거리시를 걸쳐 올트맨 강과 합류되어 대서양에 이르는 큰 강으로 로키산맥 부근에서 아름다운 절경을 만들어내고 있다. 특히 밴프 시를 감싸 흐르는 부분이 최고의 절경을 이루고 있다. 보우강과 함께 보우 폭포 주변은 너무나도 멋진 경치를 자아낸다. 보우 폭포는 보우강이 좁은 협곡을 지나며 강 전체가 약 10여m 낙하하면서 주변의 경치와 잘 어우러져 있다. 강과 폭포와 숲이 하나로 어우러져 완벽한 자연을 이룬다.

거리에서 잠시만 옆길로 들어서면 광대한 숲이 모습을 드러낸다. 우주에서 가장 큰 굉음은 지구가 움직이는 소리라고 한다. 그 소리가 어느 정도인지는 알 수 없지만 너무 큰 것은 실체를 알 수 없거나 볼 수가 없다. 마찬가지로 일상생활에서도 지나치게 큰 기대나 욕망은 헛된 것이기 쉽다. 설령 그것이 실현되었다 하더라도 진정 나의 것으로 소유될 수 없는 것이다. 일상 속에서 진정으로 들어야 할 소리는 권력이나 금전에 대한 허허로운 성공담이나 우리를 기만하는 큰소리들이 아니다. 이런 세속적인 소리는 숲속에서 자연의 소리를 듣다 보면 모두 부질없는 것이다. 침묵을 아는 자만이 자연이 연출하는 소리의 향연을 들을 수 있다.

한차례 소나기가 내린 후 숲은 푸르름으로 가득하다. 숲의 기운과 소리와 색깔도 모두 푸르다. 골짜기에 흐르는 물소리는 장엄하고, 이름 모를 산새들의 소리는 청량하고, 숲속을 지나가는 바람의 속삭임은 신선하다. 숲의 노래는 자연의 소리이며 신의 소리이다. 그것은 회복과 치유의 소리이며, 안정과 평화의 소리이어서 마음의 눈과 귀로만 들을 수 있다. 숲은 퇴적의 앙금을 남기지 않는다. 천년의 세월을 두고 사라졌다 다시 태어나는 신생의 순환으로 싱싱하다. 숲은 텅 비어 있지만 웅장한 노랫소리로 가득 차 있다.

'로키의 보석'으로 불리는 재스퍼는 밴프가 국립공원으로 지정되기 전만 해도 작은 시골 마을에 불과했다. 그래서 로키의 중심도시로 성장한 지금도 훈훈한 시골 인심이 남아있는 고향 같은 곳이다. 밴프에서 이곳까지 이어지는 고속도로는 그야말로 캐나디안 로키의 모든 것을 보여주겠다는 듯이 절경을 자아낸다. 밴프에서 재스퍼까지 연결하는 310킬로미터의 도로 주변에는 아름다운 호수와 빙하, 그리고 숲과 산들이 밀집돼 있어 캐나디안 로키의 '골든 루트'로 통한다. 도로는 레이크 루이스에서 재스퍼까지로 이어지며 이른바 '아이스필드 파크웨이'라고 불린다. 이 길을 달리고 있다 보면 흡사 꿈속에서 아름다운 어딘가를 헤매고 있는 듯한 느낌이 들고 간혹 엘크 떼나 곰 같은 야생 동물들이 나타난다는 주의 표지판에 의해 현실감을 느끼게 된다. 숲은 바로 야생동물과 식물들의 천국이다.

숲에서는 어머니의 젖 향기가 느껴진다. 젖 향기는 태초의 그리움이다. 숲속에 있으면 요람에 누운 것 같은 안락과 평화로움이 나를 젖게 한다. 풀내음 속에 어머니의 분 냄새가 생각이 난다. 하얀 모시치마 저고리 속에서 나오던 어머니 냄새, 숲은 어머니처럼 언제나 아름다운 꽃을 키우고 새들의 보금자리를 마련해 준다. 숲은 인자하고 따뜻한 어머니의 마음과 같다. 딱새, 벌, 산꽃, 다람쥐, 풀잎 심지어는 혀를 날름거리는 뱀까지도 서로 공양하면서 평화 고운 삶을 살아간다. 어머니의 세상을 위한 헌신과 사랑의 마음이 숲 속에 담겨 있다.

그 숲에 들어가 보았는가. 천년의 원시림이 한 가족으로 어울어져 사랑의 몸짓을 나누는 그 곳에 들어가 보았는가. 나무들 곁에 가 그들의 얼굴을 보고 있으면 우리가 세속에서 서로 다투고 겨루는 일이 얼마나 부질없는 일인가를 알게 된다. 나무들 이야기에 귀를 기울이면 그들이 주고 받는 이야기는 천상에서 주고 받는 천사의 소리이다. 나무 곁에 서 있으면 우리가 그 동안 걸었던 멀고 힘들었던 길이 얼마나 고달프고 덧없는 짓이었던가를 알게 된다. 저 부정없는 긍정의 푸름, 결코 배반하지 않는 인내와 충직, 숲을 보았는가? 몇백 년 묵은 아름드리 거목들이 있는 숲을 걷다 보면 우리는 헛된 세월을 살아온 한 십 년쯤을 버리고 밝고 맑은 가슴으로 돌아오게 된다.

'세계 십 대 절경' 가운데 하나로 평가받는 레이크 루이스는 빙하가 흘러내려 고인 호수이다. 레이크 루이스는 청아한 옥색 빛 물과 하얀 눈의 아름다움이 어울려 관광객들의 탄성을 자아내게 한다. 눈이 아리도록 투명한 옥색 물빛과 산 안쪽에 걸려 있는 빙하가 그림 같은 조화를 이뤄내 이곳이 세계의 절경으로 꼽힌다는 말에 절로 고개가 끄덕여진다. 조그마한 흐트러짐이나 빈틈없이, 완벽한 구도로 서 있는 호수의 오른쪽으로는 빅 비하이브 산이 버티고 있고, 왼쪽으로는 페어뷰 산이 전나무 숲을 배경으로 서 있다. 수억 년 전 바다에서 불쑥 솟아오른 로키는 억만년의 시간을 지나면서 저토록 아름답고 장엄한 모습으로 이 세상에 존재하고 있는 것이다. 로키는 레이크 루이스라는 옥색 눈동자를 가진 아름다운 눈동자를 가지고 있다. 레이크 루이스를 바라보고 있노라면 로키의 마음과 캐나다의 마음을 읽을 수 있다. 레이크 루이스의 시시각각 변하는 청록색의 호수는 로키의 희로애락을 나타내는 것인지도 모른다.

재스퍼에서 말린 협곡, 메디신 호수, 휘슬러 산, 피라미드 호수를 지나쳐서 재스퍼 근처의 야영장에서 텐트를 치고 야영을 했다. 어둠 속에서 모닥불을 피워두고 하늘을 바라보니 어두운 하늘에는 찬란한 크고 작은 별이 온 하늘을 가득 메우고 있었다. 하늘을 가득 메운 별들은 모두 내 얼굴로 금세 쏟아 내릴 듯했다. 밤하늘에서 저렇게 많은 별은 본 적이 없었다. 찬연한 하늘의 별빛과 주변의 어둠과 모닥불의 불빛이 조화를 이루어 가히 환상적인 공간을 만들어 내고 있었다. 캐나다는 하늘의 은혜를 받은 땅이었다.

장대한 계곡과 아름다운 호수가 아니더라도 풀 한 포기, 산자락의 그림자 하나하나에도 자연의 축복은 그대로 살아남아 있었다.

밴프의 보우강과 레이크 루이스 호수와의 만남, 재스퍼에서의 야영의 밤은 모두 자연이 나에게 준 축복의 순간들이었다.

아프리카의 비애

— 콩고의 콩고강

콩고강은 아프리카 중서부에서 가장 긴 강이다. 길이는 4,700km로 아프리카에서 나일 강 다음으로 길다. 유역의 강수량도 남아메리카의 아마존강에 이어 세계에서 두 번째로 많으며, 수심은 세계에서 가장 깊은 강이다.

콩고공화국은 아프리카 대륙의 중서부, 대서양 연안에 있는 나라이다. 1885년 이래 프랑스 식민지로 있다가 프랑스 공동체 내 자치공화국을 거쳐 1960년 독립하였다. 콩고라는 나라는 풍부한 천연자원을 가진 나라이지만 아직도 안정되지 못한 나라로 인식되고 있다. 불과 삼 사년 전까지도 내전에 휩싸였던 나라, 지금도 평화를 완전히 되찾지는 못한 채 국가의 재건에 힘을 모으기 시작한 나라이다.

역사적으로 볼 때에도 많은 나라가 서로 콩고를 차지하기 위해 다툼을 벌였듯이, 천연자원이 너무 많아 콩고를 둘러싼 분쟁이 끊이지 않는지 모른다. 콩고강을 중심으로 2008년부터 2013년까지 일어난 콩고 전쟁은 아프리카 세계대전이라 불릴 정도였다. 콩고민주공화국에서 일어난 종족 간 분쟁은 5년에 걸쳐 계속되었으며, 이 과정에서 수천만 명이 사망하고 80만 명의 피난민이 발생하는 비극이 초래됐다.

충만한 물이 흐르면서도 훌륭한 역사를 만들지 못했던 강. 그것이 바로 콩고강이다. 핏빛이라 표현해야 할 붉은 콩고강은 너무나 광대하여 긴 강 위에는 슬픔이 넘실대는 듯 보인다. 거듭된 전쟁의 상처 때문인지 콩고강은 삶의 활력을 주는 생명의 강이면서 삶을 빼앗아가는 죽음의 강이었다. 적도의 폭염에 말라가는 생명의 죽음, 풍요로운 강의 수면 위에는 간혹 화물선만 떠다니는 것을 볼 수 있다. 넓디 넓은 콩고강을 사이에 두고 자이르의 수도 킨샤사와 콩고의 수도 브라자빌이 마주 보고 있지만, 밤낮으로 오직 정적만이 감돌고 있을 뿐이다. 같은 대륙의 나일강이 고대 이집트의 찬란한 문화를 꽃피웠는데 어째서 콩고강은 신이 내린 뜨거운 태양, 풍부한 강수, 울창한 정글 속에서 문명의 역사를 만들지 못했을까.

과거 벨기에와 프랑스의 식민지 시대, 아프리카 제국 가운데서도 가장 격렬하게 착취당했고 수백만의 희생자까지 발생한 비극적 역사를 지녔지만, 콩고강의 넘실거리는 물줄기는 콩고를 축복해주지 못했다. 최근에 TV를 통해 방영된 '푸른 지구의 마지막 유산 콩고강'의 모습은 한 마리의 거대한 뱀이 똬리를 풀고 있는 형상이다. 머리는 대서양 바다에 닿고, 꾸부정한 몸뚱이는 멀리 광활한 대륙에 놓여 있었으며. 꼬리는 그 땅의 오지에 감추어져 있는 듯 하다.

콩고와 콩고강은 아프리카 내륙 깊숙한 곳에서 오늘까지 '오지'에서 '야만'의 상징같이 내던져져 있다. 현대사회는 기술문명과 고도자본이라는 '문명'의 모습으로 갈수록 '야만'과 이분법적 구분 속에서 자신들의 갈길을 향해 치닫고 있다. 이러한 상황은 발터 벤야민이 「역사철학테제」라는 글에서 "문명의 기록치고 야만의 기록이 아닌 것이 없다."고 통렬하게 비판했듯이, 현대적 삶과 인간의 문명과 야만의 모습을 잘 보여준다. 영국 작가 조셉 콘라드의 소설 『어둠의 속』은 이런 정황을 잘 보여주는 작품이다.

『어둠의 속』은 아프리카 콩고의 내지에 있는 커츠를 만나러 가는 말로우라는 주인공의 눈을 통하여 문명의 탈을 쓴 유럽인들과 야만인들인 아프리카 원주민들의 모습을 그려낸다. 말로우는 미개인들을 교화하고 계몽하기 위해 주둔하고 있는 유럽인들과 원주민인 아프리카인들의 모습을 대조하면서 과연 누가 문명인이고 누가 야만인인가를 거듭 거듭 묻는다. 작중에서 말로우가 바라보는 '어둠의 속'에는 서구문명의 위선적이고 추악한 현실과 타락한 인간본성이 도사리고 있다. 지금 문명인들은 자신들이 야만의 상태에 있는지 문명의 상태에 있는지 모르고 있다. 우리는 야만의 대척점에 문명이 있다고 생각한다. 언제나 문명은 정의이고 권력이고 목표이지만, 야만은 계몽하고 극복해야 할 악으로 규정된다. 이런 논리가 정당한 것인가. 야만과 문명은 동전의 양면은 아닌가. 만약 야만에서 문명으로 진화하는 것이 발전이고 희망이라고 한다면, 왜 눈부시게 발전한 과학과 기술문명의 사회 속에서도 인간은 여전히 야만적 위선과 폭력과 타락에서 한 발짝도 나아가지 못하는 것일까? 우리는 첨단의 빛나는 문명 속에서 살고 있으면서도 야만의 어둠 속을 헤매고 있다. 『어둠의 속』에서 '문명인' 커츠가 그랬듯이, 우리는 아직도 내부의 야만을 죽이고 진정한 문명을 살려내는 일을 하지 못하고 있기 때문이다.

무엇이 문명이고 무엇이 야만인가. 지금 우리가 살아가는 삶의 상황은 문명이고, 아프리카 내지에서 살아가는 콩고인들의 삶은 야만인가. 서구 제국주의자들은 항상 문명이라는 이름으로 혹은 개화라는 이름으로 헐벗고 미개한 사람들을 침탈하고 살육해 왔지만, 과연 그들의 행위가 문명의 행위인가. 백인의 눈엔 아프리카 대륙도 그 원주민들도 유럽 중세 암흑기보다 더 어둑컴컴하고 미개한 '야만인'으로 보인다. 식민주의자들의 사악하고 탐욕스런 원주민 착취행위, 즉 그 마음은 바로 어둠 자체이다. 콘라드의 말대로 "모든 백인의 마음속에는 사악한 흑인이 들어있다."

콘라드는 식민주의 정책하의 유럽 사회의 제국주의와 서구문명을 외면하여 살아가던 아프리카 민족들의 우매함에 대한 커다란 의문점을 제기한다. 그래서 경제적 이득을 위해 야만적이고도 무자비한 인종말살정책을 감행하던 벨기에의 레오폴드 국왕의 통치 아래에 있던 식민지 콩고의 모습을 적나라하게 보여준다. 그래서 주인공의 아프리카 오지 콩고로 가는 여행은 바로 식민주의 수탈의 현장으로 가는 여행이다.

『어둠의 속』에서 유럽 문명사회에서 길들어진 주인공 커츠의 마음이 아프리카 밀림 속에서 고립과 질병에 시달리며 차츰차츰 무너져 간다. 그 스스로도 알게 모르게 원주민의 야만성과 원시성을 닮아간다. 한 '문명인'이 죽어 '야만인'으로 다시 태어나는 과정을 이 작품은 보여준다. 커츠는 스스로 이른바 야만인들보다도 더한 야만인이 되었다. 그는 당시 유럽제국주의와 식민지정책의 빛과 어둠, 선과 악을 바라보면서 진정한 인간이 간직해야 할 '어둠의 속'이 무엇일까를 묻는다.

콩고강의 "밀림 속 어둠의 한 복판"이나 결코 "뚫고 들어갈 수 없는 어둠의 속" 에는 이 시대의 어둠과 인간의 어두운 마음이 담겨 있다. 인간의 역사를 아는 듯 모르는 듯 크고 긴 강은 흐르고 또 흘러서 사라지고 있다. 강이 흘러가는 이유는 세상에 집착이나 욕심이 없기 때문이다. 그렇지만 사람들은 어떤가. 강과는 반대다. 세상과 인간에 대해 더 많은 것을 가지고 싶어 하고, 높은 자는 더 높은 권력에 도달하고자 한다. 유장한 강의 흐름을 바라보니 인간의 욕심이 너무나 왜소해 보이고 하찮아 보인다.

인간은 세상의 모든 강을 다 차지한다고 해도 또 다른 욕심에 사로잡히고 그들을 가지지 못한 괴로움에 사로잡힐 것이다. 세상의 모든 바다를 다 준다 해도 슬픔은 가시지 않고 남을 것이다. 인간의 가슴 속에 욕심과 집착이 없어지지 않는다면 이 세상 모두를 준다해도 괴로움과 슬픔은 없어지지 않을 것이다. 인간의 모든 탐욕을 저 강물의 흐름 속에 놓아버리자. 강물과 함께 제 갈 길을 마음껏 흘러가도록.

대항해시대의 강
— 남아프리카의 오렌지강

오렌지강은 남아프리카에서 가장 긴 강으로, 레소토 일대의 드라켄즈버그 산맥에서 발원하여 남아프리카 공화국을 가로질러 나미비아 국경 지대까지 동서로 관통한다. 남아공 경제에 가장 중요한 영향을 미치는 강으로 수력 발전소는 물론 남아공 서부에 농업 용수 공급을 담당한다. 오렌지강은 네덜란드의 오라녀나사우(Oranje-Nassau) 왕가를 기념하기 위해 붙은 이름이다. 강가에는 언제나 악어와 하마 등이 번성했으나 생태계 파괴와 남획으로 19세기 이후에는 거의 멸종시피했다.

남아공은 아프리카의 여러 국가 중 우리에게 가장 널리 알려진 국가로 과거 백인의 유색인들에 대한 인종차별정책과 금이나 다이아몬드를 비롯한 천연자원 그리고 최근에는 아름다운 관광자원을 가진 국가이다. 남아공은 아프리카 대륙 남단에 위치한 국가로 인구 약 5천 여만명, 국토 면적이 한반도의 5.5배에 달한다. 아프리카의 정치, 경제 중심 국가이며 그로 인해 남아공은 우리나라뿐만 아니라 선진국들의 아프리카 진출의 교두보 역할을 하고 있다.

남아공에는 11개의 공식어가 존재하며 각각의 공식어들은 나름의 문학 전통을 간직하고 있다. 남아공 사회도 다른 아프리카 국가들과 마찬가지로 다양한 형태의 구연 문학 전통을 보유하고 있다. 과거부터 남아공 사회에서는 사람들이 모여 민담 구연 모임을 가지곤 했는데, 이같은 전통 때문인지 최근에는 세계적으로 널리 알려진 남아공 문학 작품들과 작가들이 등장하였다. 노벨문학상을 수상한 나딘 고디머와 J. M. 쿠체는 남아공의 대표적인 작가들이다.

1991년 노벨문학상을 수상한 나딘 고디머의 장편소설『거짓의 날들』은 우리에게도 알려진 작품이다. 이 작품은 정치색이 강한 고디머의 다른 작품들보다 서정적 아름다움이 살아 있다는 평을 받는다. 등장인물인 소녀에 대한 탁월한 심리묘사와 서정적 문체, 사실주의적 묘사로 높은 문학적 기량이 잘 발휘된 작품이다. 고디머가 평생을 통해 천착한 남아프리카 인종차별에 대한 문제의식뿐 아니라 작가의 분신의 모습을 지닌 여주인공 소녀가 성장하는 과정과 사랑, 삶과 세상에 대한 반항과 고뇌, 그리고 자기성찰을 이루는 과정을 보여주는 자전적 작품으로 "최고의 여성 성장소설"이라는 평가를 받은 작품이기도 하다.

백인 중산층 가정에서 자란 소녀 헬렌은 부모의 세계를 벗어나 다양한 인종과 출신 배경을 지닌 사람들을 만나면서 남아프리카의 현실에 서서히 눈을 떠가는 과정을 보여준다. 애서턴 광산촌과 나탈의 남부 바다, 요하네스버그를 배경으로 펼쳐지는 한 소녀의 성장 과정을 보여주는 이야기는 "화려한 잎과 꽃들을 햇빛 속에 흔들며" 방황하던 우리 모두의 청춘을 되돌아보게 한다. 그러면서 세상에 부딪히며 자신의 삶과 인생을 힘들게 이겨 나가고자 한다. 소설의 마지막에서 헬렌은 삶의 허위성과 인간성을 잃은 남아프리카의 현실에 환멸을 느끼고 유럽으로 떠난다. 그 결심은 단순히 현실로부터의 도피를 의미하는 것이 아니라 새로운 세상으로의 열망을 의미하는 것이었다. 그녀는 언젠가 자신이 귀환할 것을 알고 있었다. 그리하여 삶과 세상에 대한 환멸은 끝이 아니라 시작으로 받아들이고자 했다.

작가 고디머는 이 소설을 통하여 자기 삶의 진정한 출발을 선언하고 있었다. 『거짓의 날들』은 백인 민족주의 정권이 집권하고 인종차별 정책이 본격적으로 시행된 1940년대 말부터 1950년대까지의 남아프리카를 주요 배경으로 삼고 있다. 작품은 한 여성이 겪는 내면의 방황을 섬세하게 그려냄과 동시에 인종차별 정책이 극심했던 남아프리카의 부조리한 현실을 적나라하게 그려냄으로써, 서정성과 정치성을 절묘하게 조화시킨 작품으로 높은 평가를 받는다. 잘 알려져 있듯 남아공의 인종차별 정책은 1994년 대통령에 당선된 넬슨 만델라가 폐지할 때까지 오랫동안 지속되었다. 만델라가 28년간의 수감생활을 마치고 옥문을 나서며 "나는 나딘을 만나야 합니다"라고 했을 만큼 나딘 고디머는 1953년 『거짓의 날들』을 발표함으로써 남아공에 닥친 인간성의 위기를 전 세계에 알리는 역할을 했다. 나딘은 한 편의 소설을 통하여 인간의 자유와 존엄을 위한 글쓰기를 한 것이다.

'무지개의 나라'라고 불리는 남아공은 부족 공동체와 유럽 및 인도 정착민들의 영향을 강하게 받았다. 1453년 콘스탄티누폴리스가 오스만 제국에 의해 함락되고 동로마 제국이 멸망한 이후, 유럽과 아시아를 잇는 육로 중계무역로는 오스만 제국에 의해 장악되었다. 이로 인해 유럽인들은 향신료, 특히 '검은 황금'이라고 불리던 후추를 자유롭게 수입할 수 없게 되었다. 유럽 기후에서는 자라기 어려운 후추는 냉장시설이 미비했던 시절, 육류를 장기보관하고 음식의 맛을 높이는 부와 권력의 상징이었다. 오스만 제국을 피해 이러한 후추를 비롯한 향신료와 금은보화를 가져오기 위해 발달된 지도, 항해술, 해상운송수단을 가지고 있던 유럽인들은 15세기 말부터 아시아로의 항로개척에 나섰다. 이를 역사는 '대항해시대'라고 부른다.

18세기 중반까지 이어진 유럽인들에 의한 항로개척 및 탐험과 침략, 교역과 약탈의 대항해시대는 유럽 제국주의와 식민주의의 시작으로 평가받는다. 대항해시대가 시작되며 전 세계에 유럽의 식민지가 형성된다. 영국은 아프리카 해안을 비롯한 세계의 여러 나라로 진출했고 프랑스는 퀘백을 비롯한 북아메리카 북동부에 식민지를 건설했다. 스페인과 포르투갈은 남미를 지배하게 되었다. 대항해시대의 결과로 세계 무역의 축이 지중해에서 대서양으로 이동했으며, 유럽으로 대량의 금, 은, 그리고 사탕수수, 커피, 담배 등의 자원이 유입되었다. 이는 15~18세기의 중상주의와 상업 자본주의의 등장을 낳았다. 18세기 산업혁명, 자유방임주의, 산업자본주의로 이어지는 세계 경제구조의 일대 변혁이 일어나게 되었고, 대항해시대 동안 유럽인에 의한 아메리카인, 아프리카인, 아시아인에 대한 대대적 착취와 강제이주가 자행되었다. 이러한 대항해시대는 제국주의와 식민주의의 토대로서 제국의 역사이자 침략과 수탈의 역사를 반영하게 되었는데, 이를 서구 제국주의의 원죄라고 할 수 있다.

희망봉은 아프리카 대륙의 남단에 있는 곶(cape)으로 남아공 웨스턴케이프 주 남서안에 위치해 있다. 케이프타운에 가까운 반도의 맨 끝에 자리해 '케이프 포인트'(Cape Point)라고도 한다. 15세기 후반 '대항해시대'의 개막을 알린 포르투갈의 항해 왕자 엔히크가 아프리카 서남해안을 남하해 인도로 가는 항로를 모색하다가 사망하자, 그 뒤를 이어 역시 포르투갈의 항해가인 B. 디아스가 1488년에 3척의 범선을 이끌고 아프리카의 남단에 도착하였다. 심한 폭풍우 속에서 발견했다고 하여 이곳을 '폭풍의 곶'이라고 명명하였다. 그러나 당시 포르투갈의 국왕 후앙 2세는 '미래의 희망'을 시사하는 뜻에서 '희망봉'으로 개명하였다. 9년 후 바스코 다 가마가 이 희망봉 길을 돌아 '인도 항로' 개척에 성공하였다.

희망봉 발견은 유럽인들에게 희망이었지만 처음부터 이곳에서 살던 코이산 족 같은 현지인들에게는 불행의 시작이었다. 아시아와 유럽 간 원거리 항해 중에 선원들이 휴식을 취하고 보급품을 충전하는 중간 정박지로서 좋은 여건을 가진 이 지역은 유럽인들의 식민지로 변모했기 때문이다. 이곳에 네덜란드인, 프랑스계 신

교도들, 독일인, 영국인 등이 들어와 주변 지역으로 팽창해 가면서 전쟁과 약탈, 인종차별의 역사가 전개되었다.

마젤란의 항해는 세계 일주 이상의 의미를 갖는다. 그는 스페인 세비야 항구에서 서쪽으로 항해하여 필리핀을 발견하고 계속해서 서쪽으로 항해해서 스페인에 도착함으로써 지구가 둥글다는 것을 증명했다. 포르투갈 바스쿠 다 가마의 인도 항로 발견 이후 신항로 개척에서 뒤쳐져 있던 스페인은 남미와 아시아와의 새로운 연결고리를 찾게 되었다. 콜럼버스의 신항로 개척 이후 신대륙에서 부를 창출하지 못하던 스페인은 은을 얻기 위해 대규모 광산 개발에 착수하였다. 대서양을 건너 유럽으로 간 은은 유럽을 부강하게 만들었지만, 그에 따른 전쟁과 패권 경쟁도 피할 수 없었다.

유럽을 사로잡은 또 다른 달콤한 유혹은 설탕이었다. 오늘날 전 세계의 사랑을 받는 사탕처럼 대항해시대 이후로 설탕 열풍이 불었다. 홍차에 각설탕, 달콤한 맛에 열광했던 유럽인들은 설탕을 얻기 위한 방법을 찾았고, 뜨거운 태양이 내리쬐는 드넓은 신대륙에서 대규모 농업 생산을 시작한 것이다. 사탕수수를 재배하고 설탕을 생산해낼 노동력이 부족했기 때문에 현지 원주민들을 대규모로 노동에 동원할 수밖에 없었다.

마젤란의 세계 일주이래 농업 노예제도로 인해 눈물 흘려야 했던 사람들은 바로 대항해시대의 피해자들이었다. 대서양을 가르는 선박 맨 아래에서 물건처럼 빼곡하게 실린 아프리카 노예들이 유럽인들의 탐욕 앞에 눈물을 흘려야 했다. 족쇄에 묶인 채 항해해야 했던 아프리카 노예들, 이들은 배에서 살아남아서 도착하더라도 끝없는 노동의 현장이 그들을 기다리고 있었다. 인간의 욕망으로 인해 벌어진 아프리카 인종에 대한 잔혹사는 이렇게 이루어졌다. 지금까지 아프리카의 눈물은 유럽의 탐욕으로부터 시작되었다.

아프리카는 오랫동안 사람들의 가슴을 뛰게 하는 동경의 대륙이었다. 눈덮힌 킬리만자로, 끝없이 펼쳐진 사하라 사막, 동물의 낙원 세렝게티, 희망봉, 빅토리아 폭포 · · · . 그러나 오늘날 우리에게 아프리카는 질병과 기아, 독재와 내전, 부정부패, 기약 없는 미래를 연상하는 대륙이 되어버렸다. 아프리카의 어둠과 바람 속으로 사라져간 시인들은 아무것도 말하지 않고 아무 것도 생각지 않으리라고 다짐한다.

프랑스 출신이었지만, 아프리카의 바람이 되어 떠난 시인 랭보의 시는 언제나 비극적이며 절망적이다. 그토록 사랑하던 시를 떠나 낯선 세계를 향해 나아가 정처 없는 삶을 비극적으로 마감했지만, 랭보는 여전히 누구보다도 살아남은 '시인'으로 우리 곁에 남아 있다.

> 여름의 상쾌한 저녁, 보리 이삭에 찔리우며
> 풀밭을 밟고 오솔길을 가리라.
> 꿈꾸듯 내딛는 발걸음, 한 발자욱마다 신선함을 느끼고,
> 모자는 없이, 불어오는 바람에 머리카락을 날리는구나!
>
> 말도 하지 않으리, 생각도 하지 않으리, 그러나,
> 내 마음 깊은 곳으로부터 사랑만이 솟아오르네.

나는 어디든지 멀리 떠나가리라, 마치 방랑자처럼.
자연과 더불어, 연인을 데리고 가는 것처럼 가슴 벅차게.

— 랭보, 「감각」 일부

아프리카에서 흐르는 강을 바라보고 있으면 괜스레 가슴이 먹먹해 온다. 어둠과 절망뿐인 삶의 현실에서 흘러가지만 그저 제 갈 길을 향해 묵묵히 간다. 그렇다고 강물이 더 빨리 흐르라고 등을 떠밀지 마라. 어둡고 느리게 흐르는 강을 보더라도 도우려 들지 말아라. 저 강은 스스로 제 궁지로 빠져들고 벗어날 것이다. 강이 제자리를 벗어나 어딘가로 흐른다고 해도 충고하지 말고 기다려라. 더 빨리 흐르라고 재촉하지도 말고 기다려라. 강물은 나름대로 최선을 다하고 있다. 그들도 그만한 이유가 있을 것이다. 남아공의 오렌지강도 누구와도 다투지 않으며 누가 길을 막으면 돌아서 가고 누구에게도 화를 내지 않았다. 갈등하고 대립하며 앞서려 하지도 않고 서로 손잡고 앞길로만 흘러간다.

오리엔탈리즘의 근원
— 티그리스 유프라테스강

유프라테스강은 티그리스강과 함께 메소포타미아 지역을 흐르는 주요 강이다. 대개 두 강을 같이 묶어서 티그리스 유프라테스강이라고 부르지만, 지리적으로 유프라테스강은 티그리스강의 남쪽에 위치한다. 터키 동부 고원에서 발원하여 시리아와 이라크를 가로질러 흐르면서 이라크 남부에서 티그리스 강과 합류하여 샤트알아랍강(아랍인의 강)을 이룬다. 이 지역이 이른바 '비옥한 초승달 지대'로 티그리스강과 함께 세계 4대 문명이자 메소포타미아 문명의 발원지이다.

유프라테스강의 길이는 2,680km로 나란하게 흐르는 1,890km의 티그리스강과 함께 서 아시아에서 가장 긴 강이다. 티그리스강은 이란의 자그로스 산맥에서 흘러오는 많은 지류들을 흡수한다. 강은 강을 모아 문명을 이루고 이들을 바다로 넘겨준다. 그리고 두 강이 계속해서 바다를 만나기 직전까지 평행하게 흐르면서 이라크의 오래된 이름인 메소포타미아(강 사이의 땅)의 어원이 되었다. 두 강은 터키 동부의 고원에서 깊은 협곡을 따라 내려오면서 사막을 만나는데 이곳이 알자지라로 알려진 곳이다.

창세기에는 에덴에서 흘러나오는 네 개의 강이 기록되어 있는데, 유프라테스강은 마지막에 등장한다. 에덴동산은 창조설화에 등장하는 가상의 장소로 여겨진다. 하지만 메소포타미아 남부에 실제로 있었다고 주장하는 이들도 많다. 에덴동산에서 발원한 네 개의 강 중 하나인 유프라테스강은 터키, 시리아, 이라크의 생명수 역할을 한다. 에덴의 어원은 '들판'을 뜻하는 수메르어 에디누에서 온 것이다. 구약성경에서는 에덴을 '파라다이스'로 표기하고 낙원으로 해석했다. 파라다이스는 '울타리 안'이라는 의미를 지니며 외부침입에서 보호받을 수 있는 장소를 의미한다.

유프라테스강은 에덴동산에서 흘러나온 강물 중 하나이기 때문에 하나님의 창조 활동과 인간 역사의 시초에 매우 중요한 역할을 했다. 또 이스라엘 백성이 가나안 땅을 차지할 때 하나님께서 주신 약속의 땅의 경계이었다. 유프라테스강은 하느님의 심판이 이루어진다고 했고, 그러기에 하나님이 펼치는 섭리의 중심 배경은 유프라테스강을 중심으로 이루어졌다고 본다. 따라서 강 주변에는 성경에 등장하는 이스라엘 민족과 관련이 깊은 유명한 장소가 많다. 물이 부족한 사막에서는 물이 가장 중요한 자원으로 물 분쟁이 자주 일어나고 인간들의 다툼 속에 비운의 강이 되어 있다.

오늘날도 전 세계적으로 갈등은 그치지 않고 있으나 으뜸 가는 곳은 단연코 중동 지역일 것이다. 중동은 '세계의 화약고'라고 불릴 만큼 그 분쟁의 역사나 정도가 깊고 크다. 20세기 후반에만도 이 지역에서는 여섯 차례 이상의 큰 국제 전쟁이 일어났다. 최근에 일어난 걸프 전쟁과 이라크 전쟁도 이에 속한다. 이 지역에서의 분쟁은 다른 지역의 분쟁 원인과는 그 역사적 성격을 달리하고 있다. 분쟁의 실질적인 원인은 영토 분쟁임에 틀림이 없으나, 이 지역은 세계 3대 유일신 종교인 유대교, 기독교, 이슬람교가 시작된 곳으로서 그들 간의 깊은 신앙적 차이로 인해 종교적 갈등이 상당히 깊다. 이들은 본디 유목 민족들로서 자신들이 형성해 온 문화와 오랜 전통에 대한 자존심이 강하고 그에 반하는 경우 '피의 복수'가 널리 행해지는 까닭에 서로 그칠 줄 모르는 종교전쟁의 악순환이 되풀이되고 있다.

끝나지 않은 대립과 갈등의 역사 속에서 그들은 왜 아직도 피 흘리며 싸우는지 그 종말은 좀처럼 가늠할 수가 없다. 이스라엘 대 팔레스타인, 수니파와 시아파, 이슬람 원리주의자와 세속주의자 등 천년 넘게 이어져 오며 오늘날까지도 중동 갈등사의 중심에서 있다. 얽히고설킨 싸움은 종교와 그 정체성 문제를 기저에 두고 있어 앞으로도 쉽게 풀릴 수 없는 요원한 문제들이다. 그렇지만 이들의 바탕에는 바로 티스리스 유프라테스강을 서로 차지하기 위한 잘못된 출발에서 그 기원이 있는 것이 아닌가 하는 생각을 해 본다. 더욱이 티스리스 유프라테스강을 중심으로 한 중동문명은 독자적인 오리엔탈리즘을 낳고 있다.

오리엔탈리즘은 원래 동양과 서양을 이분법적으로 구분하여 동양에 대한 서양의 우월성이나 동양에 대한 서양의 지배를 정당화하는 서양의 고정되고 왜곡된 인식과 태도를 총체적으로 나타내는 말로 쓰인다. 오리엔탈리즘이라는 개념이 서양의 동양에 대한 인식이라는 폭넓은 의미로 쓰이게 된 것은 1978년 에드워드 사이드가 발간한 『오리엔탈리즘』이라는 책이 계기가 되었다. 사이드는 영국 치하의 예루살렘에서 팔레스타인인으로 출생하였는데, 에드워드라는 영국식 이름과 사이드라는 아랍 성姓이 조합된 이름을 가지게 되었다.

사이드는 동양은 비합리적이고 열등하며 도덕적으로 타락되었고 이상하지만, 서양은 합리적이고 도덕적이며 성숙하고 정상이라는 식의 인식을 만들어오면서 동양에 대한 지배를 정당화해왔다는 사실을 비판한다. 이러한 인식은 문학 등의 예술 작품이나 여행기, 동양의 언어와 역사, 지리, 문화에 관한 학문과 연구를 통해 형성되고 확산되었다. 그리하여 오리엔탈리즘은 서구 제국주의의 식민지 지배를 합리화시키는 수단일 뿐 아니라, 식민지 지배를 낳고 정당화하는 근원적인 힘이 되어오면서 서양과 동양의 경계와 차이를 끊임없이 확장시켰다. 오늘날에도 다양한 매체와 문화양식들을 통해 동양을 열등하고 착취 가능한 대상으로 파악하는 오리엔탈리즘이 끊임없이 재생산되고 있으며, 이는 근대의 학문과 지식을 통해 동양인에게도 무비판적으로 수용되고 있다. 이로써 오리엔탈리즘은 동양과 서양을 구별짓는 데 그치는 것이 아니라, 동양을 정신적으로 지배하는 기능을 하고 있다.

이런 사실과 상관없이 오늘도 티그리스강과 유프라테스강은 서로 마주보며 흐르고 있다. 다른 지역의 강들은 서로 하나가 되어 흘러가고 있지만 메소포타미아 지역의 저 두 강은 어찌 서로 갈라져 흘러가고 있는지. 저들은 언제 하나가 되어 서로 화해하고 사랑할 수 있을지. 강은 밀집된 갈대 숲의 습지를 지나 하구에 이르면 페르시아만으로 흘러간다.

슬픔으로 흐르는 강

— 조지아의 쿠라강

조지아라는 나라는 우리 귀에 익숙치 않은 나라이다. 1990년 구 소련이 붕괴되면서 러시아로부터 독립한 신생국가 중 하나로, 유럽 대륙과 아시아 경계에 위치해 있다. 예전에는 러시아명인 '그루지야'로 불린 곳이다.

아르메니아, 아제르바이잔와 함께 이른바 '코카서스 3국'으로 불리는 조지아는 유럽과 중앙아시아의 경계인 카프카즈 산악지대에 위치해 교통 · 교역의 중심지 역할을 했던 국가다. 이 같은 지리적 특성 때문에 주변국들로부터 끊임없는 침략을 받았고, 이에 따라 세계에서 가장 복잡한 민족 구성을 가진 국가 중 하나가 되었다. 과거 로마제국, 페르시아제국, 오스만 제국 등 여러 국가의 지배를 받았으며 페르시아와 터키 왕국의 분쟁으로 조지아는 반으로 분단됐다. 분열된 국토 중 일부는 페르시아 제국이 점령했고 러시아와 터키 제국이 각각 점령하였다. 그러나 1870년 러시아가 터키로부터 조지아의 통치권을 완전히 빼앗아 온 후, 조지아는 독립하기 전까지 그루지야라는 이름으로 러시아의 지배를 받았다.

조지아는 남오세티야 · 압하지야 · 아자리야 등 세 개의 자치공화국으로 이루어져 있다. 1991년 독립 이후 아자리야 자치공화국은 조지아 중앙정부 지시를 거부하며 사실상 독립 상태를 유지해 왔다. 아자리야 자치공화국은 조지아로부터 독립운동을 진행하면서 2004년에는 내전 발발의 위기로까지 치달았다.

조지아는 깨끗한 자연환경으로 유명하다. 여름에는 흑해를 즐길 수도 있다. 조지아에서 접근할 수 있는 캅카스 산맥은 빼어난 경치를 가지고 있다. 카즈베기 산은 그리스 신화의 프로메테우스가 꼭대기에 묶여서 벌을 받았다는 전설이 내려오는 곳으로, 수려한 경치로 트레킹의 성지가 되었다. 조지아 최고봉인 슈카라산 역시 설산 트레킹으로 많이 찾는 곳이다. 스위스 알프스와 조지아 캅카스 산맥을 비교하는 사람들도 많다.

조지아만큼 물이 풍부한 나라도 드물다. 2만 6천여 개의 강과, 850개의 호수, 43개의 저수지, 734개의 빙하와 습지가 있다. 조지아의 강은 대부분 25km의 이내의 짧은 강으로 경제적 활용도가 낮다. 그러나 서부의 캅카스산맥에서 발원해 흑해로 흐르는 320km의 리오니강과 튀르키예에서 조지아를 지나 카스피해로 흐르는 1,364 km에 달하는 쿠라강은 조지아의 대표적인 강이다. 길이 1,364km의 쿠라강을 따라 많은 도시와 마을들이 형성되었다. 튀르키예 령 아르메니아 고원에서 발원하여 북쪽으로 흐르다가 조지아와 아제르바이잔 두 나라를 꿰뚫고 남동쪽으로 흘러 카스피해로 들어간다. 상류는 소小캅카스산맥을 가로질러, 조지아의 수도 트빌리시의 상류에서 급류를 이룬다.

쿠라라는 명칭은 페르시아어로 고레스 왕을 읽은 것이며, 고대 서구에서는 쿠라 강을 고레스 왕의 다른 표음 중 하나인 키루스 강이라고 부르기도 했다. 조지아어에서 쿠라라는 단어의 뜻은 '느린 것'이라는 의미이다. 이 명칭은 러시아의 지리학자들이 최초로 차용했고 일부 지리학 서적에서는 이 강을 러시아 이남 지역에서 유럽과 아시아 대륙을 나누는 경계로 보기도 한다.

쿠라 강은 아제르바이잔 영토 내를 흐르고 있어 쿠라-아라스 저지대를 풍요롭게 하는 원천이기도 하다. 카스피해로 직접 유입되는 강은 캅카스와 인근 산맥지대를 이어주는 역할 뿐 아니라 저지대의 비옥한 농토를 유지하는 역할을 한다. 그래서인지 조지아는 기원전 6,000년 경 세계 최초로 와인이 만들어진 발원지다. 700여 종 이상의 포도품종을 보유한 나라 조지아 와인의 제조법인 크베브리 방식은 오크통이 아닌 항아리에 넣어 땅속에서 숙성하여 그 향이 더욱 깊다.

설산이 우거진 자연경관과 다양한 문화 유산을 지닌 조지아와 쿠라 강, 높은 곳에서 바라보는 이곳의 풍경은 세계에서 가장 아름다운 경치로 꼽힌다. 그러나 이런 아름다운 풍경의 배경 곳곳에는 전쟁과 내전으로 분열된 상처가 곳곳에 도사리고 있다. 세상 어디엔들 상처와 아픔이 없는 곳이 있으랴. 어디에서나 역사 속 전쟁으로 인한 고통이 있고 고통받는 사람이 있다. 그렇지만 인간

이 조금 더 위엄이 있고 인간다움이 있다면 고통 속에서도 아름다운 세상은 펼쳐질 것이다.

어두운 숲길을 따라 조심스레 찾아가 만난 사람들, 희미하게나마 삶의 길목마다 아름다운 흔적을 남기고 살아가는 사람들, 그들은 모두 한 권의 시집을 가슴에 간직하고 살아가는 사람들이었다. 시 속에서, 그리고 삶 속에서, 저 멀리 시인의 작은 집이 보인다. 덮쳐오는 어둠 앞에서 작은 등불처럼 서 있는 집, 온 세상을 헐떡이며 달려온 길 끝에서 마침내 당도한 그 집의 주인이 되고 싶다는 마음이 가득하다. 세상살이의 아픔과 슬픔이야 어디에선들 없는 곳이 없지만, 이제 그 천사의 집의 문을 조심스레 두드려볼 때가 왔다. 그리하여 이제 전쟁과 갈등이 없는 화해와 평화의 손길을 서로 마주 잡을 일이다.

시베리아의 비애

— 하바롭스크의 아무르강

시베리아횡단열차에는 러시아사람들의 고통과 희망, 그리고 슬픔과 기쁨이 담겨 있었다. 그들도 우리와 같이 때로 모든 것을 내던져버리고 싶은 절망과 아픔이, 그리고 다시는 돌아오지 못할 것에 대한 기다림과 희망이 있었다. 지금 비록 창밖의 어둠과 같은 절망이 자신들 앞에 드리워져 있지만, 내일이면 무언가가 달라지고 또 내일이면 기다리던 그 무언가가 나타날 것이라고 생각한다. 무언가가 우리에게 마침내 다가올 것이라는 희망이 있기 때문에 오늘을 포기할 수 없는 것이다.

아! 그랬다. 언젠가 인도대륙을 가로질러 달리던 야간열차에는 사막을 비추어주던 찬란한 별빛과 인도사람들의 검은 얼굴이 있어서 좋았듯이, 시베리아횡단열차에서는 차창 밖의 자작나무 숲과 이 아득한 시간의 정지와 러시아사람들의 무표정 속에 담긴 희

47,00.
32,00.
KUBANSKAYA

망과 절망이 있어서 좋았다. 가슴 저 깊은 곳을 파고드는 보드카의 술기운과 함께 시베리아횡단열차는 그렇게 흔들리며 정지된 시간 속을 달리고 있었다.

시베리아횡단열차에서는 모든 일상의 시간이 멈추어 버린다. 물리적으로는 블리디보스톡과 모스크바 사이는 7시간의 시차가 난다고 하지만, 계속되는 열차의 질주와 이어지는 차창 바깥풍경 속에서 시간이 아무런 의미가 없어진다. 그저 간혹 배가 고프면 이제 끼니때가 되었구나 하는 것을 느끼게 되고, 밖으로 어둠이 깃 들기 시작하면 저녁이 가까워 졌구나 하고 느낄 뿐이다. 쉼 없이 시계를 들여다보면서 무언가에 쫓기는 도시의 일상생활에 비하면, 완벽한 권태의 나락에 떨어져 배고프면 먹고, 기차의 흔들림과 함께 흔들리다 잠이 오면 잠들고 그야말로 노자老子의 '무위無僞'의 경지에 이르게 된다. 이층 침대에 누어 무위의 상태에 빠져 있는 나의 귀가에 어디선가 노자의 설법이 들리는 듯 하다. "천지만물은 유에서 생겨나고, 유는 무에서 생겨난다." "도道는 하나를 낳고, 하나는 둘을 낳고, 둘은 셋을 낳고, 셋은 만물을 낳는다. 도는 허정虛靜하다."

횡단열차는 크고 작은 역에서 길게는 20분, 짧게는 5분씩 정차하곤 했다. 열차가 길게 정차하는 플랫폼 주위 공터에는 기차를 따라 기다랗게 시장이 형성된다. 역 주위 동네 사람들이 나와서 여러 가지 음식을 팔기 때문이다. 일부러 음식을 만들어서 팔러 나오는 사람도 있고, 자기 집 앞뜰에서 키운 오이와 야채 등을 내다 파는 할머니도 있었다. 열차가 정차하는 동안 승객들은 마음대로 하차하여 역 구내를 둘러보면서 그 지역의 특산물과 음식을 구입할 수 있다. 정차 동안 반짝 시장이 형성되는 셈이다.

승객들은 빵, 떡, 통닭, 오이, 해바라기 씨앗 등을 비롯해서 처음 보는 음식을 구입하거나 구경을 한다. 열차가 멈출 때마다 마주친 순박한 표정과 때 묻지 않은 사람들의 모습은 세계 어디를 가나 시골에서는 반드시 만나게 되는 정겨운 것이다. 간혹 정신을 팔고 구경하는 사이, 승무원의 호루라기 소리가 길게 울리고 열차가 떠나게 되는 경우도 있지만 대개는 열차가 떠날 즈음에는 서로 알려주기도 한다.

자작나무 숲이 가득한 창밖을 망연히 바라 보다 보면 자신도 모르게 생각은 어두운 기억의 저편에서 잃어버린 상처의 조각을 찾아내고, 그 상처를 따라 과거의 시간 속으로 달려가기도 한다. 비록 몸은 달리는 열차 속에 유폐되어 있지만 사고는 불꽃같이 살아 움직인다. 연거푸 마신 보드카의 술기운이 혈관 속으로 짜르르 퍼져 가기 시작했다. 그리고 사위가 조금씩 어두워지면서 달리는 횡단열차에도 밤은 찾아오고 있었다. "40도는 술이 아니다. 영하 40℃는 추위가 아니다. 400km는 거리도 아니다." 러시아의 독한 술 보드카와 혹한의 날씨와 광대한 영토를 잘 표현해주는 말이다. 자작나무는 멀리서도 한 눈에 알 수 있을 만큼 하늘로만 수 십 미터 뻗어 올라가 있다. 은백색으로 길게 뻗은 이 나무는 러시아를 상징할 만큼 커다란 키의 잘생긴 나무였다. 지금 나는 여름의 시베리아를 달리고 있지만, 백설이 새하얗게 뒤덮인 시베리아의 대지와 자작나무는 절묘한 조화를 이루면서 러시아 특유의 자연

풍경을 연출하게 된다. 시베리아횡단열차의 차창 밖에 끝없이 펼쳐지는 유장한 강, 높은 산, 바다 같은 호수가 광대한 대평원 위에 파노라마처럼 펼쳐진 것을 밤새도록 바라보면서 달리는 것은 바로 러시아 여행의 백미이다.

블라디보스토크에서 시베리아 횡단 열차를 타고 러시아 국경을 따라 흐르는 우수리강의 북쪽으로 931㎞를 올라가면 하바롭스크가 나온다. 아무르 강과 우수리 강이 합류하여 더욱 광대해진 강, 아무르가 관통하여 흐르는 이 도시는 극동의 교통의 중심지다.

여느 시베리아의 도시처럼 이곳 또한 역사의 격동기를 맞았던 곳답게, 중국과 국경을 이루는 아무르 강가에 5만 여명에 이르는 희생자의 이름이 빼곡하게 들어찬 2차 대전 희생자 위령비가 남아 있다. 만주 벌판을 두고 중국과 일본과 러시아가 한 판 전쟁을 벌이고 일본군이 이곳까지 진격했던 과거 역사를 다시금 되새기게 하는 흔적이다. 한때 이곳에선 중국과 러시아가 아무르 강을 사이에 두고 대포까지 쏘면서 국경분쟁을 지속했다.

그 후 하바롭스크는 시베리아 개발권을 따내거나 시베리아에 진입하려는 외국계 기업들의 각축장이 되고 있는 것이다. 여기에 한국 기업들도 뒤늦게 경쟁에 뛰어 들었다. 삼성과 LG의 현지 공장을 비롯한 많은 현지법인이 운영되고 있고, 서울과의 직항노선도 개설되어 있다. 게다가 러시아인들은 과거 시베리아 벌판에서 황무지를 개척하고 삶의 희망을 가꾸었던 고려인 카레이스키를 기억하고 있어 일본이나 중국보다는 한국에 호감을 갖고 있었다.

하바롭스크는 아무르 강을 떠나서는 상상할 수 없다. 중국어로

흑룡강黑龍江이라 불리는 아무르 강은 극동의 젓줄과 같은 강이다. 전망대에서 내려다보니 강 건너편이 아득하게 멀었다. 겨울이 되면 이 강 전체가 얼어붙는데 걸어서 횡단하여 왕복하는데 4시간이 걸린다고 한다. 강 상류로 가면 만주와 연변이 나오고 하류로 가면 사할린 북방 오호츠크 해가 나온다. 일제시대 독립운동을 하던 한인들은 이곳까지 쫓겨 왔는데 아무르 강가에서 시간을 보내며 나라 잃은 설움을 달랬을 것이다. 어느 시인은 아무르 강을 이렇게 노래한다. "그리움의 국경 그 허술한 말뚝을 넘어 반성도 없이/민가의 불빛들 또 함부로 일렁이며 돋아나고 발밑으로는/어둠이 조금씩 밀려와 채이고 있었습니다"(박정대, 「아무르강에서」). 그러나 지금 아무르 강가에는 독립군과 조선족들의 처절한 생존의 애환은 흔적도 없이 사라져버리고 유람선만이 유유히 떠다니고 있었다.

강은 인간의 삶에 대해서 아무런 기대도 애환도 없이 그냥 흘러가는 듯하다. 강은 사람들에게 너무 무심하게 제 갈 길을 간다. 한 번도 서러워하지 않은 채 그냥 흘러간다. 오히려 인간과 역사는 슬퍼하고 굽이치며 흐르지만, 강물은 눈물 한방울 흘리지 않으면서 앞만 보고 간다. 강이 불가역의 행진에도 서럽지 않은 건 아예 뒤돌아갈 수 없다는 사실을 알고 있기 때문일 것이다. 강으로 가서 백년도 천년도 넘게 흐르는 강물을 지켜보아라. 강물은 지난 모든 아픔과 슬픔을 품고 그냥 여전히 앞으로 흐른다. 때로는 내버려 포기하고 체념하는 시간도 필요하다는 강물의 대답을 오랫동안 기억하고 싶다.

하바롭스크에서 열차가 출발한 지 꼬박 이틀이 지났다. 창밖에 갑자기 바다가 나타났다. 바이칼이었다. 우주선을 타고 지구를 보면 새파랗게 보인다는 지구의 눈 바이칼, 일명 시베리아의 진주로 불리는 바이칼의 수평선이 까마득히게 펼쳐졌다. 바이칼 호수를 따라 기차가 4시간 동안 계속 달렸다. 바이칼 호수 남쪽 부분을 약간 달리는데도 4시간이 걸렸으니 한 바퀴 도는데는 엄청난 시간이 걸릴 것이다.

바이칼호가 끝나는가 싶더니 앙가라강이 나타나면서 시베리아의 파리라고 불리우는 물의 도시 이르쿠츠크에 도착했다. 52시간의 여행이 끝나가는 신호였다. 정든 친구와 헤어질 때는 말없이 손을 잡고 오래 앉아 있다가 떠나보내는 것이 이곳 풍습이라고 했다. 세르게이와 나란히 앉았다. 손을 잡고 있으니 따스한 체온이 느껴져 왔다. 고단한 세월을 견뎌온 흔적이 그의 체온을 통해 느껴진다. 시간은 석별의 정을 오래 나누도록 허락치 않았다. 세르게이는 짐을 들고 플랫폼까지 내려와서 배웅해 주었다. “다 스비다니야(또 만납시다)”라는 정겨운 인사말을 나누었다. 아직도 칠흑같이 컴컴한 새벽이었지만 이르쿠츠크 역에는 가로등 하나 없었다.

삶과 죽음의 피안

— 바라나시의 갠지스강

바라나시의 원래 이름은 순례성지의 명칭으로 '카시'라고 하는데, 이것은 '영적인 빛으로 충만한 도시'라는 의미이다. 바라나시는 성스러운 강 갠지스(인도사람들은 이곳을 '강가'라고 부른다)를 떠나서 생각할 수 없다. 히말라야 계곡의 깊은 물을 모은 강가는 유유히 평원을 가로질러 시바 신의 이마의 초승달 모양 요염한 곡선을 그리며 바라나시를 만들어 내고 있다. 바라나시에서 모든 길과 물은 갠지스로 통한다. 바라나시에서 모든 시간의 흐름은 끊없는 윤회로부터 해탈로 이어진다. 그리하여 수많은 사람들은 자신들의 시간의 윤회로부터 해탈을 얻기 위해 오늘도 강가로 강가로 모여든다. 사람들은 강가의 성스러운 물에 목욕을 하면 모든 영혼의 죄가 씻어 지고, 이곳에서 죽어 그 재를 강가에 흘려 보내면 해탈과 초월을 얻는다고 믿는다.

오늘도 수많은 인도 사람은 자신들의 영혼의 죄를 깨끗이 하기 위해서 강가에 모여들어 목욕을 하고, 가트에서는 죽은 시신들이 화장된다. 그들은 바라나시로 와서 죽지만 다시 태어나기를 바란다. 바라나시에서는 삶과 죽음이 공존한다. 온몸을 주홍색 색으로 감싼 시신들이 대나무 들것에 실린 채 옮겨지는 풍경에서는 그야말로 삶이 곧 죽음이었고, 죽음이 곧 삶이었다. 죽은 자의 시신을 옮기는 살아 움직이는 자와 죽어서 침묵하는 죽은 자의 현세와 내세는 바라나시의 먼지 날리는 도시 속에서 공존하고 있었다.

화장 순서를 기다리는 여러 구의 시신 중에서 맨 앞의 시신이 갠지스 강물에 먼저 몸을 적신 후 상주는 시신을 장작더미 위에 올리고 마침내 시신에 불을 지핀다. 장작에 불이 붙기 시작한지 얼마 되지 않아 시신의 살이 타는 노린내가 진동해서 코를 찔렀고 가끔씩 펑펑하는 내장터지는 소리가 나기도 했다. 상주는 시신이 잘 타도록 하기위해 시신을 긴 장대로 이리저리 뒤척이고 있었다. 이렇게 한 시간 여 동안 화장을 하는데도 우리와 달리 인도의 가족들은 크게 소리내어 운다던가 크게 슬퍼하는 기색도 없다. 죽은 사람이 현세에서 겪은 모든 고통과 슬픔을 하직하고 내세에서 이어갈 새로운 삶을 축원하는 것인가.

죽은 자의 태워진 육신을 두고 살아있는 인간들과 짐승들이 서로 무언가를 차지하기 위해 탐색을 벌이고 있었다. 개들도 오죽 먹을 것이 없으면 사람의 타다만 뼈와 시체조각들을 물어갈까. 아무리 인간에게 중요한 것은 육신이 아니라 영혼이라 하고, 인간의 육신이 죽는 순간 영혼은 그 몸 속에서 빠져나간다고 하지만, 죽어서 한 조각 고기 덩어리가 되어 개의 먹이가 되는 인간의 운명이란 얼마나 슬픈 것인가. 갠지스에는 그렇게 삶과 죽음이 공존하고 있었다. 바라나시에서 이루어지는 죽음의 화장 의식 속에서는 죽음과 삶의 경계가 사라지고 없었다. 삶이 무엇이고, 죽음은 무엇인가? 바라나시의 이 지독한 삶과 죽음의 혼돈 속에서, 그리고 장작 위에서 타오르는 육신을 바라보면서 삶과 죽음의 경계는 모두 흐물어지고 없었다. 인도에서의 여행은 끊임없이 아름다운 풍광에 대한 감탄보다는 삶과 존재에 대한 의문을 되풀이하게 했다.

도대체 나는 누구인가, 나는 어디서 왔는가, 그리하여 나는 어디로 갈 것인가? 갠지스 강가의 찬 새벽공기를 맞으며 웅크리고 앉아 있는 내 곁에 벌거벗은 채 아랫도리만 흰 천으로 가린 할아버지 한 사람이 닥아와 앉았다. 곁에 바싹 다가와 앉아 조그만 시바상을 움켜쥔 손을 내밀고 내 손을 움켜쥐며 인간의 삶은 고해의 바다라며 태초의 인간은 얼마나 아름답게 살았는지에 대해서 얘기를 해 주었다. 들릴 듯 말 듯 속삭이듯 하는 그 인도할아버지의 이야기 소리와 나이에 어울리지 않게 맑은 눈을 바라보며, 이분이 나에게 어떤 깨달음을 던져 주기 위해 온 성자가 아닌가 하는 생각이 들었다.

갑작스레 어둠 속에서 한 줄기 빛이 던져지듯이 그 모든 것이 평온하고 안락하게 느껴졌다. 그리고 마음 저 깊은 곳에서 평안하고도 깊은 울림이 일어나는 듯했다. 한참 동안 할아버지는 혼자서 무언가를 계속 이야기했고, 나는 오직 그의 흩날리는 수염 속에서 한숨쉬듯 흘러나오는 말소리들과 꺼져가는 듯하다 다시 빛나는 눈빛만이 시야에 들어왔다. 할아버지의 떨리는 듯한 목소리와 눈길을 절대 잊을 수가 없다. 할아버지는 강가의 기슭으로 사라지며 자신의 모습이 완전히 사라질 때까지 계속 되돌아서서 손을 흔들며 작별을 고했다. 바라나시에 온 많은 이방객들은 이곳에서 지내며 밤잠을 이루지 못하고 악몽에 시달린다고 하는데, 그는 우연히 나에게 다가와 죽음의 악몽에 시달릴 나를 구원해 주기 위해 보내진 시바의 사도는 아니었는지.

어느새 갠지스에는 어둠이 걷히고 날이 밝아 오고 있다. 어둠이 지나고 빛이 나타나듯이, 그리고 죽음 뒤에 또 다른 생명의 탄생이 있듯이 가트에서도 해가 솟아나고 있었다. 가트에서는 동이 터오는 갠지스 강물에 자신들의 몸을 씻음으로써 축복을 받고자 하는 사람들로 가득했다. 어둠 속의 검은 강물이 아침 햇살을 받아 어느새 주홍색으로 변해 있었다. 얼굴에 물칠을 하며 무언가를 소원하는 노인과 강물에 꽃잎을 던지는 아낙네들이 갠지스의 성스러운 물에 몸을 적셔 자신들의 죄를 씻고 있었다. 붉게 타오르는 듯한 물 속에서 목욕을 하며 자신들의 옷을 씻는 사람들이 있는가 하면, 또 다른 한 켠에서는 그 강물을 마시는 사람들도 보인다. 이 모든 순간이 한편으로는 인간세계에서 일어나는 가장 고귀한 의식儀式으로 보이지만 또 다른 한편으로는 이성과 사고를 상실한 광란의 몸부림으로 보였다.

가트에서 다음 차례의 화장을 기다리는 또 다른 죽음, 물 위에 떠다니는 버려진 시체와 꽃잎들, 그 속에서 목욕하는 사람들, 저 멀리 갠지스의 끝자락에서 떠오르는 태양을 향해 주문을 외기 시

작하는 순례자들. 이들의 영혼과 육신은 갠지스강에 흩어져 떠다니는 꽃잎과 함께 흘러 흘러 하늘나라로 갈 수 있을까? 아! 이 갠지스강에서의 목욕으로 지상에서 지은 모든 우리들의 죄가 사해질 수 있을까? 그리고 이곳에서 죽어 우리의 육신이 한줌의 재가 되어 갠지스에 뿌려진다 해도 지상의 모든 윤회를 해탈하고 영원으로 초월할 수 있을까? 갠지스강이 인도의 역사와 인간의 모든 것을 수용하면서 오늘도 유유히 흘러가고 있듯이, 바라나시는 여행자의 이런 섣부른 물음에 어떠한 해답도 던져 주지 않는다. 영혼으로 충만한 바라나시의 여신은 오늘도 광란의 갠지스강을 무심히 바라만 보고 있을 뿐이다.

아침에 동이 떨 때 잠시 번쩍이는 주홍빛을 띠던 갠지스는 금세 오염된 황토빛 탁류로 변하고 만다. 그리고 갠지스의 가트들 사이에서 황혼이 지면 갠지스에는 석양이 닥아오고 또 하루가 지나가게 된다. 인도의 기나긴 역사와 인간의 삶과 죽음을 아는 듯 모르는 듯 갠지스의 강물은 유유히 흐르고, 어디에선가 흰두 음악이 들려온다. 길 떠나는 자여, 그대는 오늘도 무엇을 찾아 떠나고 있는가? 수 천 년의 역사와 인간의 숨결을 간직하고 흐르는 어머니의 강, 갠지스! 갠지스 강가에서 노을이 지기를 기다려본다. 서서히 붉게 물들어 가는 갠지스는 너무나도 아름답다. 핏빛 강물 속에 꽃잎과 촛불을 띄워 보낸다. 황혼은 순간 속에 사라지고 갠지스에는 다시 어둠이 내리고 있다. 저 멀리 강가에 점점이 불빛이 켜지고 인도에서의 하루가 저물어 가고 있다. 조금 전 내가 띄워 보낸 꽃잎과 촛불도 저 갠지스강 어딘가로 사라져 가고 있었다.

'오래된 미래'를 건너는 강
— 인도의 인더스강

인도를 낳은 강은 인더스강과 갠지스강이다. 지금으로부터 4천여 년 전 현재 파키스탄 땅에 속해 있던 인더스강 유역에는 고도로 발달한 도시상업 문명을 누리던 사람들이 살고 있었다. 인더스강 계곡 근처의 발굴 작업으로 50여 곳의 유적지가 발견되었다. 그중 가장 중요한 유적지는 모헨조다로와 하라파였다. 이것이 바로 인더스문명으로 최소한 기원전 2,300년에서 1,700년 사이에 존재했다. 특히 그곳의 정연한 도시 구조와 고도로 발달한 하수·배수 시설은 인더스문명의 건설자와 지배자들이 매우 높은 생활수준을 누렸다는 것을 보여주고 있다.

인도인들은 누구나 시대와 종교와 언어를 초월하여 자신들의 강을 사랑한다. 동이 트기 전 힌두교도들은 근처의 강에서 목욕하며 기도한다. 자신들의 몸을 씻어 내는 것은 신성한 의식으로 생각한 것이다. 종교 축제가 열릴 때는 수천만 명이 강이 있는 도시에 모여 고대의 리듬과 장단에 맞춰 춤추고 기도한다. 간혹 그곳에서는 건강과 장수에 가장 좋은 때로 알려진 시간에 정확하게 도착하기 위해 한꺼번에 밀려든 인파로 인산인해를 이루면서 사고가 나기도 한다. 인도인들은 인내력 있게 강을 기다리고 지켜보며 삶의 지혜를 깨우친다. 인도의 강은 사람들에게 풍족하고 순수하며, 더러우면서도 정화의 상징으로 그들의 삶을 형성하고 있다.

인더스강은 북부의 여러 강 중 가장 서쪽에 위치해 있다. 만년설이 자리 잡고 있는 산맥에서 발원하는 약 3,000km의 인더스강은 고대 인도 문명의 요람이었다. 인도의 강들은 다양한 지리적 · 사회적 · 역사적 바탕이었다. 중국 남서쪽 티베트 고원의 눈 녹은 물에서 발원하는 인더스강은 히말라야산맥을 가로질러 흐른다. 상류는 영토분쟁이 계속되고 있는 잠무와 카슈미르 지방의 카라코람산맥과 자스카르산맥 사이의 넓은 단층 지대에 형성된 골짜기를 따라 북서와 북동쪽으로 흐른다. 인도 북동쪽의 라다크는 인더스강이 흘러드는 가장 오래된 도시로 알려져 있다.

라다크는 해발 3,000m가 넘는 고원 지대이다. 히말라야산맥과 카라코람산맥, 그리고 인더스강의 상류 계곡에 걸쳐 있는 라다크, 그곳으로 가는 길은 멀고도 아득하다. 일 년에 여름 석 달간 개방되는 라다크로 가는 길은 해발 5,325m에 자리한 세계에서 두 번째로 높은 도로인 따글랑 라를 통과한다. 별들이 모두 쏟아져 내릴 듯한 밤의 장막을 가로지르고, 히말라야의 설산을 바라보며 사막과 같은 황량한 땅을 통과하기를 반복하다 마침내 라다크에 도착하게 된다.

험한 산악과 깊은 골짜기, 높은 고원으로 이루어진 이 지역은 춥고 건조하여 유목민들만이 사는 곳이다. 인도와 파키스탄 사이의 분쟁지역으로, 1949년의 휴전 때 인도의 라다크 변경 지구에 속하게 되었다. 주민은 대부분이 티베트계 라마교도이며, 촌락이나 인구가 매우 적어 예로부터 국경은 명확히 확정되어 있지 않다. 중국은 티베트 쪽으로 돌출된 북동부를 중국령이라고 주장하면서, 이곳을 통과하여 티베트에서 신장위그르 자치구에 이르는 도로를 건설하였다. 인도와 중국은 1962년에 무력 충돌을 빚었고 곧 휴전이 되었으나 국경 분쟁은 아직도 해결되지 않고 있다.

겨울에는 영하 20도를 넘는 날이 8개월 이상 계속되는 척박한 땅에서 최소한의 먹을 것으로 자급자족하는 공동체 생활을 하면서 살아가는 땅이 라다크다. 그곳에는 문명과 자본주의의 질주에는 아랑곳없이 소박하고 검소한 삶을 영위하는 사람들이 살고 있다. 그들에게 가는 길은 인류의 '오래된 미래'를 찾아가는 길이다.

『오래된 미래』는 스웨덴 출신의 헬레나 노르베리 호지가 16년간에 걸친 라다크 체험을 바탕으로 쓰였다. 1992년 발간 이후 세계 50여 개 언어로 번역되어 지금까지 전 세계 독자들에게 사랑을 받아온 책이다. 책에서 작가는 서구세계와는 너무나도 다른 삶의 가치로 살아가는 라다크 마을 사람들을 통해 인류와 지구 전체의 삶의 양식을 새롭게 생각하게 만든다.

작은 티베트라고 불리던 라다크는 비록 인도 영토의 일부로 편입되어 있지만, 천년 넘게 독자적인 언어와 티베트 불교 문화에 뿌리를 두고 자급자족의 삶을 꾸려가고 있던 공동체였다. 1975년은 이러한 라다크가 인도 중앙정부의 결정에 따라 외국 관광객에게 문호를 개방하기 시작한 해였고, 저자는 바로 그 해에 이 지역을 찾아간 소수의 서구인 중의 한 사람이었다.

빈약한 자원과 혹독한 기후에도 불구하고 생태적 삶의 방식을 통해 천년이 넘도록 평화롭고 건강한 공동체를 유지해온 라다크와 달리 서구의 개발주의적 삶의 양식은 환경이 파괴되고 사회적으로 분열되는 양상을 보여주고 있다. 오늘날 인류사회 전체가 직면한 사회적 · 생태적 재앙으로부터 우리의 미래에 대한 구체적인 희망은 라다크적인 삶의 방식에서 찾아질 수 있다고 작가는 말한다.

"라다크는 서부 히말라야 고원의 황량하지만 아름다운 고장이다. 빈약한 자원과 혹심한 기후에도 불구하고 라다크는 검소한 생활과 협동, 그리고 무엇보다 깊은 생태적 지혜를 통하여 천년 넘게 평화롭고 건강한 공동체를 유지해왔다. 물질적으로 풍족하지는 않지만 아무도 가난하다고 느끼지 않고, 긴밀한 가족적, 공동체적 삶 속에서 사람들이 정서적 심리적으로 안정을 누리며, 여성들과 아이들과 노인들이 존경받는 사회의 생생한 모범을 라다크는 보여주었다."

서구식 개발 논리로 말미암아 사회적 분열이 일어나고 지구적 환경파괴가 일어나고 있다. 그뿐만 아니라 인플레이션과 실업이 등장하고 자본주의에 대한 맹목적인 선망으로 인간은 갈수록 타락하고 있다. 오랜 세월 유지되어 온 생태적 균형과 사회적 조화

가 자본주의와 기술문명의 압력 밑에서 붕괴되기 시작한 것이다. 헬레나 호지는 계속해서 이야기한다. 제3세계의 농촌 사람들은 현대적인 생활에 대해 특히 왜곡된 인상을 가지게 된다. 모든 사람은 깨끗함과 편안함과 매력이 넘친 생활만을 생각하며 살아간다. 사람들은 개발이라는 동전의 한쪽 면만을 보고, 쉽게 상처를 받으면서도 현대화만을 갈구한다.

그렇지만 라다크 사람들에게는 '검약'과 '만족'이라는 말은 일상화되어 있다. 한정된 자원을 조심스럽게 아껴 쓴다는 것은 인색함과는 다른 것이다. 아주 적은 것에서 더 많은 것을 얻는다는 것, 바로 그것이 '검약'의 원래 의미라고 생각한다. 그리고 자신들에게 주어지는 모든 것에 감사하고 만족하며 살아간다. 서구에서 이 '검약'이라는 말은 대개 자물쇠가 채워진 음식 창고를 지키는 나이 든 아주머니를 연상시키지만, 이곳 라다크에서는 그 의미가 전혀 다르다. 그것은 풍요의 기본이 된다. 한정된 자원을 조심스럽게 아껴 쓴다는 것은 인색함과는 관계가 없는 것이다. 아주 적은 것에서 더 많은 것을 얻는다는 것, 바로 그것이 '검약'의 본래 의미라 할 수 있다.

라다크 사람들은 거의 모든 것을 완벽하고 알뜰하게 사용했기 때문에 쓰레기가 없었다고 한다. 아니 쓰레기라는 개념 자체가 없었을 것이다. 그러다가 많은 사람이 돈을 벌기 위해 큰 도시로 이주하고 삶의 편의를 위해 물건을 사들이면서 결국 도시는 넘쳐나는 쓰레기를 감당할 수 없게 되었고, 이를 해결하기 위한 사회적 시스템이 또 생겨나게 되는 악순환을 거치게 된다.

라다크에서 경험했던 놀라운 생동감과 행복감은 삶의 기쁨이라는 것이 바로 자신들이 살고 있는 그곳에 있고 또 자신과 함께 살아가는 '이웃'에 있다는 믿음과 연결되어 있었다. 그들에게 있어 세상의 중심은 자신들이 살고 있는 바로 그곳이었다. 거실에 앉아 텔레비전을 보면서 다른 세상의 소식을 접한다 해도 그것이 그들의 생활을 풍요롭게 해주는 것은 아니었다. 텔레비전에 등장하는 이상적인 모습의 스타들은 오히려 사람들을 위축시키고 소극적으로 만들 뿐만 아니라 브라운관을 통해 전해진 화려한 모습들 때문에 라다크 사람들이 살고 있는 그곳의 색깔은 퇴색되어 버릴 수도 있다.

지역적인 것, 작은 것, 친밀한 것, 자연적인 것, 인간적인 것을 지향하는 추세는 결국 자연이 승리할 것이라는 사실, 세계를 정말 돌아가게 하는 것은 돈이 아니라 깊은 가슴속에 담긴 보이지 않는 힘이라는 사실을 라다크의 삶은 알려준다. 지금 바로 우리의 눈앞에서 자연의 생명 부양 체계가 붕괴하고 있는 상황에서, 우리 모두를 위한 물음은 실로 단순한 것이다. 자연의 법칙을 따라 자연과 함께 살아가겠다는 마음가짐을 가슴속에 간직하는 것이 바로 진정한 삶을 살아가는 방식이 될 것이다.

라다크는 '오래된 미래'를 만나기 위해 찾아든 헐벗고 지친 영혼들을 넉넉히 품어준다. 비록 통밀빵 하나로 한 끼의 식사를 해결하고, 꼬장꼬장한 한 벌의 옷으로 살아가지만, 밝고 맑은 영혼을 가진 라다크 사람들은 문명과 자본에 찌든 나그네의 마음을 절로 여미게 했다.

살구꽃 피는 낙원
— 파키스탄의 훈자강

세상의 많은 강을 알고 있는 사람도 훈자강을 아는 사람은 드물다. 훈자강은 파키스탄 북부 훈자 지역에 있는 강이다. 물은 강을 만들고 강은 강으로 모여든다. 히말라야의 빙하가 녹아서 발원한 길기트강과 날타르강이 합류하여 인더스강으로 흘러든다. 훈자강은 카라코람산맥을 지나 북쪽에서 남쪽으로 흐른다. 카라코람 고속도로가 훈자 계곡과 나가르계곡이 인접한 훈자강을 지난다.

인더스 강을 따라 세월과 함께 시름을 나눈다는 카라코람 길을 따라, 이 지상의 모든 서두름과 다그침이 자리를 잃어버린다는 파미르 고원을 따라, 순간에서 영원으로 타오르는 타림분지를 따라가면 마침내 저승에 닿을 때까지 머물고 싶다는 훈자에 이르게 된다. 강은 강을 만들고 강이 끝나는 곳에는 바다가 있다.

세상에서 가장 높고 장엄한 길이 세계의 지붕 파미르고원을 넘어 중국과 파키스탄을 잇고 있다. 이 길은 중국 서역 지방의 카스에서 파키스탄의 수도 이슬라마바드까지 이어지는 약 1200㎞의 길로, 중국 측에서는 중파공로中巴公路, 파키스탄 측에서는 카라코람 하이웨이라 불리워진다. 대상隊商들이나 불법을 구하러 인도로 가던 구도자들은 낙타를 타고 몇 달씩 가던 길이었지만 이제 버스를 타면 1박2일이 걸린다. 오늘날 이 길을 오가는 사람들은 파키스탄과 중국을 왕래하는 장사꾼들과 여행자뿐이다.

카스에서 승객과 짐을 잔뜩 실은 버스는 황량한 벌판을 달리다 몇 번의 중국 측 검문소를 거친 후 이민국 피랄리에 도착한다. 그곳에서 출국 수속을 밟은 후 드디어 쿤제라브 고개를 오른다. 쿤제라브 고개는 '피의 계곡'이란 뜻이다. 산적들이 이 길을 넘던 대상과 수도승들을 상대로 약탈과 살인을 자행하여 계곡에 피가 늘 흘렀다고 해서 붙여진 이름인데, 양쪽으로 높게 치솟은 산들이 고갯길을 에워싸고 있다. 거대한 산맥에 들어서기 직전이라는 것을 보여주듯 기암절벽이 금방이라도 무너져 내릴 듯 아슬아슬하고 발아래로는 만년설 녹아내린 물이 콸콸 흘러내리고 있다. 아슬아슬한 낭떠러지 길을 달리며 계곡 건너편 산허리를 보면 옛사람들이 다녔을 길이 구불구불 S자를 그리고 있다.

덜컹거리는 길을 두어 시간 달리면 드디어 타슈쿠르간에 이른다. '돌의 성'이란 뜻의 타슈쿠르간은 해발 3,600m이지만 파미르 고원의 6~7,000m의 높은 산에 둘러싸여 있기 때문에 포근하고 아늑한 시골 마을 같다. 기록에 의하면 현장 스님도 인도에서 카스로 오다가 타슈쿠르간에서 20일간 머물렀고, 고구려계의 고

선지 장군도 이곳을 거쳐 소발륙국(현재 파키스탄의 길기트 지방)을 원정했다. 이렇게 역사적인 길이지만 지금 이곳에는 별다른 유물이 남아 있지 않고, 다만 타지크 유목민들이 야크를 기르며 평화롭게 살고 있을 뿐이다. 아마 혜초 스님도 인도를 여행한 후 파미르 고원을 넘어 카스로 갔던 것으로 추측된다. 그는『왕오천축국전』에서 이곳을 지나가며 느꼈던 심정을 다음과 같이 이야기한다.

그대는 서번(西蕃·서쪽의 변방)이 먼 것을 한탄하나
나는 동방으로 가는 길이 먼 것을 한탄하노라
길은 거칠고 눈은 산마루에 수북이 쌓였는데
험한 골짜기에는 도적이 들끓는구나.
새는 날다 깎아지른 산 위에서 놀라고
사람은 좁은 다리를 건너며 어려워한다.
평생에 눈물 흘린 일이 없었는데 오늘만은 천 줄이나 뿌리도다.

— 혜초,『왕오천축국전』에서

타슈쿠르간을 지나 훈자로 다가갈수록 카라코룸, 힌두쿠시, 히말라야 등 세계에서 가장 높고 거대한 산맥이 눈앞을 가로막아 숨이 멎을 듯한 기분이다. 5,000m가 넘는 높은 봉우리에는 여름인데도 흰 만년설이 덮여 있어 자연의 위대함이 새삼스럽게 느껴진다. "흐르지 않는 물은 바다에 이르지 않는다."는 중국의 속담처럼, 한낮의 따뜻한 햇살에 녹아내린 물은 산줄기를 타고 도도하게 흐르는 인더스강을 만들어낸다. 인더스강물은 라다크 산지를 휘

감고, 파키스탄의 카라치를 거쳐 장장 3,000여㎞의 대장정을 한 후 아라비아해로 흘러 들어간다. '아가씨의 수줍음'이라는 꽃말을 가진 살구꽃이 수줍은 인사를 건네는 장수촌 마을 훈자, 구절양장의 험난한 카라코룸 산맥을 머리에 이고, 깎아지른 절벽을 끼고 인더스강을 내려다보며 훈자 마을로 조금씩 다가선다.

심산유곡으로 빠져들수록 웅대한 자연은 이방인에게 비경을 하나 둘씩 꺼내 보여 주기 시작한다. 훈자 마을은 마을 전체를 둘러싼 낮은 구릉이 있고, 뒤편으로 7,788m의 라카포쉬를 비롯해 울타르 피크, 골든 피크 등 7,000m급의 고산들로 둘러싸여 척박한 지대임에도 불구하고 인간의 강한 생명력을 보여주는 곳이다. 설산과 회색빛의 강물 사이로 피어난 하얀 살구꽃처럼 훈자 마을의 모습은 너무나 인상적이다. 이런 곳에서 어찌 사람이 살 수 있을까 하는 생각이 들지만 훈자는 세계 3대 장수촌 중 하나이기 때문에 더욱 경이로운 느낌이 든다. 문명인이 되기를 포기하고 자연에 순응하며, 최소의 음식과 의복으로 행복한 삶을 영위하는 사람들이다. 비록 파키스탄에 속하지만 삶을 지향하는 가치관은 아주 다르다.

이 험난하고 척박한 환경을 꿋꿋하게 이겨내며 자신들의 생명을 지켜온 훈자 족이 언제부터 이곳에 뿌리를 내리고 살아 왔는지에 대한 명확한 역사적 기록은 없다. 다만 오랫동안 훈자인들에게 전해 내려온 전설만 있을 뿐이다. 전설에 의하면, 기원전 325년 알렉산더 대왕의 동방원정 때 잔류한 3명의 군사와 그들의 페르시아 아내들이 훈자 계곡에 터를 잡으면서 훈자 왕국이 시작되었다고 한다. 반면 서양의 역사학자들은 길기트 산악지대에서 부르사스키라는 언어를 사용하는 토착민이 바로 훈자의 조상이라고 주장한다. 또한 이들은 7세기경부터 티베트 계의 사람들이 길기트에 거주하였다는 기록과 740년에는 '브루자'라고 하는 왕이 티베트 공주와 결혼을 했다는 사실을 역사 문헌에서 볼 수 있다고 주장한다. 아무튼 11세기 이후 훈자 왕국은 알티트, 발티트, 가네쉬 등으로 구성된 훈자 계곡에서 한 혈통에 의해 지배되었으며, 1761년부터 1937년까지 신장의 위구르족들에게 조세를 바치며 독립된 왕국으로 살아왔다. 그 후 훈자 왕국은 길기트에서 카쉬가르로 이어지는 실크로드의 중계무역지로 관세를 받아가며 명맥을 유지하였다.

100여 년 전까지만 해도 바깥세상에 전혀 알려지지 않은 채 카라코룸 산맥 언저리의 조용한 작은 마을이었던 훈자는 1891년 영국의 침략으로 인해 비로소 세계무대에 등장하게 된다. 드높은 설산을 배경으로 한 폭의 아름다운 수채화 같은 훈자 마을은 봄이면 아름다운 살구꽃이 온 마을을 가득 채우고, 여름이면 짙푸른 녹색이, 가을이면 붉은 단풍이, 겨울이면 하얀 눈이 온천지를 뒤덮는다. 만년설로 뒤덮인 고산과 그 밑으로 흐르는 훈자 강 그리고 높게 자란 미루나무와 푸른 농경지는 마치 지상 낙원을 연상케 한다.

표고 2500미터, 숙소 저 멀리 밤의 장막 속으로 내려다보는 훈자는 각별한 정취를 풍기며 나에게 안겨 온다. 저기 이 삼 백미터 가량 아래로 카라코룸 하이웨이가 훈자 강어귀에 면해 일직선으로 뻗어있다. 은은한 달빛 속에, 높은 산은 깊은 그림자를 드리우고 있다. 그림자 사이로 민가의 불빛이 여기저기 깜박이며 삶의 숨결을 전해준다. 훈자에는 아직 완전하게 전기가 들어오지 않았다. 황혼이 깃들면 산 그림자가 달빛에 드러나고 카라코룸 하이웨이의 아스팔트에 반사되어 둘은 마치 깊은 포옹을 하는 듯하다. 호텔 앞에는 짙은 회색빛의 인더스강이 흐르고 강 건너에는 풀 한 포기 없는 거대한 바위산이 버티고 서있다.

계절마다 독특한 아름다움을 자랑하는 훈자 마을은 1978년 카라코룸 하이웨이라는 길이 열리면서 비로소 많은 여행자들의 발길을 초대하기 시작했다. 물론 이 길은 4세기경부터 동서를 잇는 실크로드의 한 부분이었다. 예전의 이 길은 수많은 문화와 예술 그리고 생활용품들의 교역이 이루어진 교역로였지만 지금은 세계에서 가장 신비롭고 환상적인 여행길이 되어 관광객이 버스나 지프를 타고 하이웨이를 질주한다. 예나 지금이나 사람들의 왕래는 새로운 길과 새로운 문명을 낳았다. 세상 사람들은 훈자 마을을 고립된 채 놓아두지 않고 세상 가운데로 꺼내었다. 고요하던 훈자 마을은 인간이 뿌려놓은 문명에서 벗어날 수 없어 카라코룸 하이웨이에서 가장 큰 관광도시로 발전했다. 카라코룸 하이웨이의 건설과 함께 도시문명의 침입이 이루어지고 고요하던 훈자 마을의 평화는 파괴되었다. 외부세계와 단절된 채 공동체적 삶을 영위하며 마을 전체가, 한 가족이나 친척 같이 살아가던 훈자의 마을이 세상에 개방되기 시작하였다.

개발과 발전의 미명하에 고요하고 평화롭던 훈자 마을도 갈수록 황폐해져가고 있다. 조금씩 조금씩 산은 무너져 내리고, 강은 오염되어가고, 그들의 조상이 살았던 땅은 없어져 가고 있다. 도대체 이 아름답고 평화로운 훈자 땅을 그냥 두지 못하고 왜 자꾸 못 살게 구는 것인가. 아름다운 산과 강을 자기 시대에만 유용하게 쓰려는 인간의 어리석은 욕망이 자연을 파괴하고 있는 것이다. "네가 아프니 나도 아프다"는『유마경』의 진리는 도대체 이 세상 어디에 존재하는가. 우리나라에서도 오지의 아름다운 시골길이 갈수록 삭막한 아스팔트로 변해가듯이 카라코룸 하이웨이를 달리면서도 이유모를 분노로 내내 가슴이 끓어올랐다.

밤을 홀딱 새고 새벽이 다되었는데도 훈자의 밤은 더욱 더 깊어만 간다. 화장실을 다녀오며 바라본 밤하늘의 별들은 금세 다 쏟아져 내릴 듯 더욱 초롱초롱하다. 훈자 사람의 너그러움과 여유로움을 닮아서인지 훈자의 밤은 깊고 그윽했다. 세상의 모든 시름과 걱정을 다 떨쳐버리고 언제 이 훈자의 찬란한 별 밤을 다시 볼 수 있을까.

하늘길로 가는 강
— 티베트의 얄룽창포강

라사를 떠난 지프는 오랜 시간이 지나지 않아 곧 얄룽창포강을 끼고 달리기 시작했다. 티베트의 전역에 걸쳐 유장하게 흐르고 있는 얄룽창포(창포란 티베트어로 '큰강'을 의미한다)는 서부 티베트에서 시작하여 방글라데시까지에 이르는 약 2,900km의 긴 강이다. 또한 얄룽창포는 세계에서 가장 높은 곳에 위치한 강으로 평균 고도가 4,000m이며 서쪽에서 동쪽으로 히말라야 북단 쪽과 평행으로 흐른다. 라사에서 시가체의 산악평원 계곡을 지나 중앙 티베트를 관통하여 체탕까지 흘러 들어가는 얄룽창포에는 티베트의 기원 신화가 담겨 있다. 신화에 의하면 체탕 부근의 얄룽 계곡에서 12명의 지방족장에 의해 왕으로 추대되었던 첸포왕이 하늘에서 밧줄을 타고 하강하게 되었다는 것이다. 얄룽계곡은 티베트 문명의 발상지이다.

얄룽창포 곁을 달리던 지프는 곧 우정공로 위로 올랐다. 우정공로의 길이는 장장 725km에 달했으며 라사에서 네팔과의 국경도시인 장무까지 연결되어 있다. 이 도로는 신도로인 북쪽 고원길과 구 도로인 남쪽 고원길로 갈라졌다가 시가체에서 다시 만나게 된다. 남쪽 고원길의 간체 근처에 장마로 인한 도로 유실이 있어 지프는 얌드록쵸까지 갔다가 되돌아 나와 북쪽 고원길을 택하여 시가체까지 가기로 했다. 우정공로 상의 양측으로 다양한 형태의 계곡들과 지형들을 바라보면서 비포장도로에 흔들리며 얌드록쵸를 향해 달리기 시작했다. 군데군데에 야크들이 방목되고 있는 모습과 폐허가 된 사원들의 잔해가 덩그렇게 먼지 속에 쌓여 있었다.

교행이 힘들 정도의 좁은 협곡을 아슬아슬하게 달리던 지프가 갑자기 하늘이 열리는 넓은 초원 위에 멈추어 섰다. 그곳은 바로 캄바라라는 해발 4,794m의 고개였다. 돌탑들 군데 군데에 룽다(기도문이나 불교경전을 오색의 천에 꿰어 다발로 묶어 놓은 일종의 만장. 파랑은 하늘, 노랑은 땅, 빨강은 불, 흰색은 구름, 초록은 대양을 나타낸다)와 탈초(우리의 시골 마을 어귀의 솟대와 같은 것)가 거센 바람을 맞으며 어지럽게 날리고 있었다. 천길 낭떠러지 저 아래 비취색의 얌드록쵸는 찬란하게 빛나고 있었다. 얌드록쵸(쵸는 티벳어로 호수를 뜻한다)는 라모 라쵸, 남쵸, 마나사로바와 함께 티베트의 4대 신성한 호수의 하나로 꼽힌다. 특히 이 호수는 '분노한 신神들의 휴식처' 라 하여 많은 순례자들이 찾아 든다. 전갈 모양을 한 웅대한 자태의 이 호수는 짙은 청갈색을 띠고 물이 흘러들어 가지도 못하고 빠져 나가지도 못한다고 한다.

멀리 만년설을 안고 있는 히말라야를 바라보며 이 아름답고 경이로운 호수는 때로 한많은 티베트의 역사에 분노한 신들의 안식처로, 때로 순례자들의 갈증을 풀어주는 오아시스의 역할을 하며, 머리 위에 찬란한 무지개를 안고 여행객들에게서 경탄을 자아내게 하며 억겁의 세월을 이곳에 자리하고 있다. 잠시 고개에 앉아 가쁜 숨을 가다듬고 있으니 어딘선가 야크의 목에 걸린 종소리도 들리고, 얌드록쵸를 따라 방목되고 있는 양떼들의 평화로운 모습이 보이기도 하였고, 마니차를 돌리며 순례자들도 지나가고 있었다. 이 허허벌판의 고산에도 생명은 어김없이 살아 숨쉬고 있었다.

얌드록쵸를 떠난 지프는 북쪽 고원길을 택해 시가체를 향해 달려가기 시작했다. 고원길은 다양한 모습으로 닥아온다. 때로는 천애의 낭떠러지가 아득한 산을 오르다가도 끝없이 불모의 들판이 계속되는가 하면, 순식간에 웅장한 계곡과 강이 나타나 여행객들을 압도한다. 푸른 들판이 계속되다가 갑자기 고도가 높아지면서 주위의 산들은 아무 것도 살지 않는 갈색으로 바뀐다. 그 갈색의 산밑으로 흐르는 강물은 황톳빛의 흙탕으로 거센 소용돌이를 치면서 흐르기도 한다.

시가체는 티베트 제2의 도시로 라사에서 약 330km 떨어져 있고 표고가 3,900m나 되는 과거 창지방의 수도였다. 시가체도 티베트의 다른 도시들과 마찬가지로 중국인 구역과 전통적인 티베트인 구역으로 나뉘어져 있다. 티베트인 구역은 북쪽의 시가체종과 서쪽의 타쉴훈포사원 사이에 형성되어 있는 구도시 지역이

었다. 라사에 조캉사원이 있었듯이 시가체에는 타쉴훈포사원이 있다.

시가체 주변의 계곡을 포괄하는 자연경관이 펼쳐지고 있었다. 그리고 이곳에서는 간혹 티베트 장례의 한 방식인 조장鳥葬이 이루어진다. 티베트인들의 장례풍습은 매장, 화장, 수장 등 여러 가지가 있지만, 가장 일반적인 방식이 조장이라고 한다. 조장은 육신을 토막내고 뼈는 짓빻아 버무려 지정된 높은 장소에서 새가 먹을 수 있도록 던져 주는 것이다. 장례과정은 죽은 자의 영혼을 인도하는 의식을 라마의 주도하에 두 세시간 치른 뒤에 조장을 치른다. 이때 시체의 몸을 가르고 토막내는 사람을 티베트에서는 '돔덴'이라고 한다. 조장이 티베트에서 일반화 될 수 있었던 것은 영혼이 떠나고 나면 더 이상 육신은 쓸모 없는 한 조각에 불과한 것이지만, 그것은 어떠한 형태로든 변화를 일으키는 고귀한 것이라는 만물을 귀하게 여기는 티베트인들의 불교철학에 바탕한 때문이었다.

인간은 어차피 죽어 한줌의 재가 될 것을 알면서도 그렇게 수많은 온갖 갈등과 고통에 휩싸여 다툼을 하는 것인가. "살아 있는 동안에는 두려워하지 않다가 죽을 때가 되어서야 두려워하는 것보다는, 살아 있는 동안에 죽음을 두려워하고 죽을 때는 두려워하지 않는 편이 훨씬 낫다." 티베트 불교의 이런 경구警句는 언제나 삶과 죽음의 연관 속에서 우리들의 인생을 되돌아 볼 것을 가르친다. 인생에서 이루어지는 온갖 얻음과 잃음, 즐거움과 고통, 칭찬과 비난, 명예와 불명예 등의 상반된 세속적 관심사는 자각하는 방법에 따라 서로 다른 의미를 가진다. 죽음 속에 삶이 있고 삶 속에 죽음이 있는 것이 아닌가. 모든 얻음과 즐거움에는 또 다른 잃음과 고통이 담겨 있는 것은 아닌가? 이 같은 평범한 깨달음에도 이르지 못하는 우리들의 정신과 지식이란 것이 얼마나 허무하고 가당찮은 것인가.

나그네의 이 같은 회의懷疑에 답을 던져 주듯이, 타쉴훈포 사원의 언덕길을 내려오다 보니 유난히 많은 개들이 서성대고 있었다. 한때 티베트 전역에는 개가 아주 많았고, 특히 라사 지역에 개가 많았다고 하나 지금은 오히려 시가체 지역에 개가 더 많다고 한다. 흥미로운 사실은 라사에 대규모의 한족이주정책이 시행되고 난 후부터 라사에서 그 많던 개들은 사라지고 오히려 티베트인들이 더 많이 거주하는 시가체 지역에 더욱 많은 개들이 몰려들기 시작했다는 것이다. 혹자들은 라사 지역에서 한족들이 개를 식용으로 많이 이용했기 때문이라고 하나 어쨌든 라사 도심에서 개가 많다는 느낌을 받지는 못했다.

티베트인들에 따르면 승려가 열심히 수행을 하지 않고 게으름을 피우면 다음 생에서 개로 태여 난다고 하는데, 유난히 시가체와 타쉴훈포 사원에 개가 많은 것은 이 사원의 승려들이 수행보다는 중국과 긴밀한 관계를 유지하며 정치적인 행위에 관심을 가진 때문이 아닌가 의구심을 낳기도 했다고 한다. 아니면 타쉴훈포를 나오면서 만나게 되는 두 곳의 대학 건물에서 학업과 수행에서 낙오한 승려들이 개로 환생한 것인가 하는 부질없는 생각도 해보게 된다. 사원을 완전히 빠져 나와 매표소가 있는 광장에 이르도록 다리를 절룩이는 한 마리의 개가 계속해서 나의 뒤를 따라 오고 있다. 흡사 전생에서 학문과 수행을 게을리 하다 개가 되어버린 자신의 모습을 지나가는 나그네에게 보여 일깨워 주겠다는 듯이.

자정이 지난 시간에 잠자리에 들었지만 시가체의 거리 곳곳에서는 개 짖는 소리가 계속 들려왔고, 그 소리는 울려 퍼지듯이 귀속으로 파고 들었다. 왕왕거리는 개 짖는 소리는 흡사 나의 지식과 사고의 경박함과 삶에 대한 경건한 마음의 부족을 일깨우는 준엄한 꾸중과 같이 들렸다. 낮에 내 뒤를 자꾸 따라오던 개의 모습이 자꾸 눈앞에 어른거렸다. 삶은 무엇이고, 죽음은 무엇인가? 인생에서 얻음은 무엇이고 잃음은 무엇인가?

> 집이 없는 자는 집을 그리워하고
> 집이 있는 자는 빈 들녘의 바람을 그리워한다.
> 나 집을 떠나 길 위에 서서 생각하니
> 삶에서 잃은 것도 없고 얻은 것도 없다.
> 모든 것들이 빈 들녘의 바람처럼
> 세월을 몰고 다만 멀어져 갔다.
> 어떤 자는 울면서 웃을 날을 그리워하고
> 웃는 자는 또 웃음 끝에 다가올 울음을 두려워한다.
>
> ― 류시화, 「길 위에서의 생각」 일부

황금의 삼각주
— 베트남의 메콩강

메콩강은 티베트 고원에서부터 시작하여 인도차이나 반도까지 길게 뻗은 강이다. 중국과 동남아를 합쳐 자그마치 라오스, 태국, 중국, 캄보디아, 베트남, 미얀마의 여섯 나라에 걸쳐있는 거대한 강이다. 4,350km의 길이로 동남아시아 내륙에서 가장 큰 강이다. 라오스에 이르러서는 미얀마 국경을 따라 협곡을 통해 급류를 형성하며 흘러간 후, 태국과 미얀마 등 세 나라에 걸쳐 국경을 형성한다. 이른바 '황금의 삼각지대'로 알려진 이 지역은 세계에서 어업이 가장 활발한 곳으로 메콩 삼각주에서는 사람들이 거미줄처럼 뻗어 있는 수로를 따라 작은 배를 노저어 어업을 하며 하루하루를 살아간다

메콩강이라는 이름의 유래는 이 강을 가리키는 태국어와 라오어 명칭인 매남콩으로, '매남'은 '강'을 뜻하고, '콩'은 '메콩 강'을 가

리킨다. 달리 어원을 분석하면, '매'는 어머니를, '남'은 물을 의미하는 '물의 어머니'라는 뜻이다. 어느 지역에서나 마찬가지로 강은 어머니의 품과 같은 곳이라 모든 것을 생산하고 나누어주는 의미를 지닌다. 비옥한 토양과 풍부한 수량으로 수많은 사람들을 먹여 살리는 생명의 젖줄이 메콩강이다.

실제로 메콩강 하류의 삼각주 지역은 땅이 기름져 세계 최고의 곡창 지대로 알려졌다. 그러나 최근 메콩 강 유역에는 비엔티안, 콘깬, 프놈펜, 껀터 같은 큰 도시가 있는데, 이들 도시가 내뿜는 각종 오염 물질로 인하여 강은 크게 오염되고 있다고 한다. 또한 무리한 도시 개발로 인하여 메콩 강 중하류에 있는 인도차이나 반도 국가들이 겪는 고통 또한 예사롭지 않다고 보고된다. 이 강에서의 무분별한 경제 개발과 제국주의로 이어지고, 그에 대한 분노와 저항으로 이어져 메콩은 어느 땅 못지 않은 냉전과 전쟁의 상황도 낳았다. 유명한 폴포트와 크메르루즈의 비극 외에도 론놀 정권 하 베트남인 학살 같은 얽히고설킨 어이없는 참극들도 이와 연관된 것이다.

베트남인들 만큼 슬픈 역사를 지닌 민족도 드물 것이다. 킴 투이의 장편소설 『루』에서는 베트남인들의 슬픈 역사를 잘 보여준다. 한때 베트남을 지배한 프랑스어로 'ru[뤼]'는 '실개천'을 뜻하고, 비유적인 의미로 '눈물, 피, 돈의 흐름'을 말한다. 베트남어로 'ru[루]'는 '자장가' '자장가를 불러 재워주다'의 뜻이다. 강은 때로 실개천 같이 때로 자장가 같이 우리들의 가슴에 흐른다. 킴 투이는 소설에서 말한다. "사람들은 매일매일 살아남느라 너무 바빠서

— 베트남의 메콩강

집단의 역사를 쓸 시간이 없다. 얼어붙은 넓은 호수들이 장엄한 고요 속에 펼쳐지고, 단조로울 정도의 평온한 일상이 매일매일 이어지고, 풍선과 색종이 조각과 초콜릿으로 사랑을 기념하는 그런 곳에 살지 않았더라면, 나는 아마도 메콩강 삼각주의 내 증조부 무덤 가까이에서 만난 늙은 여인을 눈여겨보지 못했을 것이다."

소설에서 묘사되듯이, 사람들은 슬픔에 짓눌려 굽고 휜 등뼈를 더 이상 세울 수 없게 되었다. 남자들이 정글에서 나와 논두렁길을 걸어다니기 시작한 뒤에도 여자들의 등에는 여전히 소리 나지 않는 베트남의 역사가 얹혀 있었다. 그렇게 짓눌린 채로 수많은 여자들이 소리 없이 생을 마쳤다. 전쟁이라는 잔인한 사건을 만들어 온 것은 언제나 국가다. 사람들은 전쟁에 대한 공포를 피하기 위해서 안전을 위해 국가와의 인위적인 계약에 동의한다. 그리고 그 계약은 다시 국가에 의해 보증된다. 이것이 국가에 의해 파괴될 때 인간은 불행에 빠질 수밖에 없다. 기나긴 세월동안 베트남을 지배한 여러 국가들에 의해 베트남의 많은 국민들은 삶을 송두리째 뿌리 뽑히고 불행에 빠져야 했다. 그들의 삶을 누가 보장해 줄 것인가.

메콩강은 넓은 지역에 퍼져 있으며, 메콩강 삼각주의 주민들은 강을 따라 다닥다닥 붙은 수상가옥에서 모여 살고 있다. 수로망을 따라 물건을 전달하고 이동하는 주요한 교통수단은 배이다. 저런 강위에 매달린 수상가옥에서 어찌 온전한 삶이 이루어질 수 있을까 하는 생각이 절로 든다. 미로와 같은 수로가 북부 베트콩의 가장 중요한 교통 방식이다. 메콩 삼각주는 크기로만 보면 전체 국토의 12퍼센트 밖에 되지 않지만 총 인구의 5분의 1이 이곳에 몰려 살아간다.

메콩강에는 물이 흐르고 그 위로 삶이 흐른다. 베트남 여행은 물에서 시작해서 물로 끝난다. 사람들이 모여드는 하롱베이에는 용이 내려와 앉았다는 전설을 가진 굽이치는 봉우리들, 굽이굽이 진 절벽 사이의 물안개 길을 떠다니는 돛단배는 여행자들에게 몽환의 분위기를 만들어 낸다. 자연이 만들어 내는 이런 하롱베이의 아름다운 풍경보다는 시뻘건 황톳물을 헤치고 살아가는 사람들의 모습이 있는 메콩델타는 훨씬 인간적인 분위기를 보여준다.

메콩강이 가장 아름답고 담담하게 흐르고 있는 나라는 라오스가 아닌가 한다. 어머니의 땅 메콩을 따라 펼쳐진 땅 위에 소박하고 여유로운 사람들이 사는 곳, 달의 비엔티안과 황금 불상의 고도 루앙프라방이 반짝반짝 빛나는, 아름다운 나라로서 과거와 현재가 공존하는 세계에서 몇 안 남은 나라가 라오스이다. 라오스 사람들은 라오스를 '메콩 강의 진주'라고 부른다. 흔히 진주를 감추어진 보배라고 하는 것을 보면, '메콩 강의 진주'만큼 라오스를 잘 표현한 문구도 없을 듯하다. 그만큼 라오스는 세계에 알려지지 않은 소중한 가치와 잠재력을 가득 품고 있는 나라다. 그동안 라오스는 인도차이나 반도의 내륙국가로 대외관계를 맺기 어려운 환경이었다. 더구나 1975년 사회주의 체제로 전환하면서 고립 외교정책을 편 탓에 서방국가에 거의 노출되지 않았다.

라오스에서는 급속한 발전과 숨 막히는 경쟁 속에서 살아가는 여느 자본주의 국가들과는 전혀 다른 사람들을 만날 수 있는 곳이

다. 라오스 사람들은 가난하지만 여유와 미소를 간직하고 있으며 자연과 공존하며 살아갈 줄 안다. 그래서 라오스에 있으면 시간이 멈춘 듯한 기분을 맛볼 수 있거나, 타임 머신을 타고 시간을 거슬러 과거로 돌아간 것 같은 착각을 일으키게 된다. 최근 우리에게도 라오스가 많이 알려졌듯이 이러한 라오스에 현대문명이 급속히 전파되며 변화의 물결이 일어나고 있다. 가난과 여유를 삶의 중요한 덕목으로 간직하고 사는 나라인 라오스도 언제 붕괴할지 모르는 위험에 놓여 있다.

저렇게 흘리고 저렇게 버리고도 남는 것이 삶이라면 대체 우리는 어디서 무엇이 되어 죽을 것인가. 강은 지치지 않는다. 저렇게 흐르고 또 흘러도 지치지 않는다. 그들에게는 불행도 없고 절망도 없는 것인지 오직 행복과 희망만을 기다리며 흐르고 또 흐른다. 낮달만 희미하게 바라보는 낮에도, 별과 달도 숨은 밤에도 강은 돛단배 하나 벗 삼아 그냥 흘러간다. 인기척 없는 강가에 서 있으면 강의 흐름은 더욱 도도하면서 무심하다. 한여름의 더위 속에서도 한 겨울의 추위 속에서도 강은 흐른다. 세상 곳곳에서 난리를 치고 북작대며 싸우고 죽이고 해도 강은 흐르고, 저 혼자 사무치게 굽이굽이 흐른다.

우리가 살아가는 '인생'이란 아무리 살아도 그 의미가 보이지 않는데, 강을 보고 있노라면 자신이 곧 '인생'이라고 자랑하는 듯 흐른다. 인생 같은 강, 강 같은 인생이 어디에 있을까만 강은 그것을 말해준다. 삶을 움직이는 의미는 기쁨도 행복도 쾌락도 아니다. 진정한 원동력은 없다. 우리의 삶이란 그저 비극과 아픔과 슬픔을 피하기 위해 삶으로 흐를 뿐이다. 그렇기 때문에 희망을 찾기 위해 절망을 피하기 위해 강을 찾아간다. 알기 위해서 살아가는 것이 삶이니까, 아는 날까지 열심히 살아보는 수밖에 없다.

메콩강 유역이 세계적인 물 분쟁지역으로 떠올랐다. 메콩강 중류의 태국 치앙라이 부근 수심은 수십년 만에 최저로 뚝 떨어졌다. 넓은 폭을 자랑하던 메콩강은 대부분 강바닥을 드러냈고 드넓은 백사장 사이로 소량의 물만 흐른다. 고기잡이 배나 관광객을 실어나르던 유람선들은 강변에 묶여 있다. 세계 곳곳에서 "중국의 댐 건설로 메콩 강의 유량과 흐름이 변화하고 수질 악화와 생물 다양성 파괴가 일어날 가능성이 크다."라고 경고했다. 실제 중국의 무차별한 건설과 환경 파괴는 지구 환경의 큰 재앙으로 다가오고 있다. 농업과 어업에 삶을 매달고 사는 메콩강 유역 사람들의 미래는 어둡기만 하다. 비극의 땅 티베트에서 발원하여 6,000km의 거리를 흐르는 메콩강은 뭔가를 이루기 위해 계산하지도 고뇌하지도 않고 흐른다. 지형 조건에 따라 여기저기 지류로 갈라지기도 하지만, 결국에는 유유히 흘러 메콩 삼각주를 만들고 그곳을 지나 바다와 합쳐진다. 정글 숲을 헤치고 진흙같은 강을 따라 끊임없이 흐르는 메콩 강, 고기를 잡고 빨래를 하는 사람들, 검은 얼굴이지만 해맑은 미소를 지우며 밝게 손을 흔들어 주는 아이들이야말로 이 지상에 남은 마지막 인간적인 사람들이다.

짧지 않은 역사를 지닌 메콩강에 얽힌 여섯개의 나라들 사이에는 쉼없이 국경을 둘러싼 분쟁이 그치지 않는 것이 오늘날까지 계속되는 동남 아시아의 현재를 보여주는 것 같다. 슬픈 역사를 간직하고 흘러가는 강은 저마다의 사연을 지니고 있는 것은 분명하다. 메콩강도 그 격동적인 과거와 불확실한 미래를 지닌 채 오늘도 흘러가고 있다.

장강의 뒷물결은 앞물결을 밀어내고
— 중국의 양자강

문인들에게는 장강長江이라는 이름으로 더욱 익숙한 양쯔강은 중국 대륙 중앙부를 횡단하는 중국에서 가장 긴 강이다. 전체 길이가 6,300km에 달해 중국에서 가장 길뿐 아니라, 세계에서도 세 번째로 긴 강이다.

춘추전국시대 초, 오, 월 시대부터 사람들은 이 지역을 서로 차지하기 위해 다투었다. 명나라는 아예 장강 유역에서 건국을 하여 황하 유역을 차지하였으며, 그래서 조선에서는 명나라를 강남이라고 부르기도 했다. 우리는 제비가 겨울이면 강남 간다고 하지만, 이때의 강남은 바로 장강을 가르키는 것이라고 한다. 흔한 문학적 표현으로 "장강후랑최전랑長江後浪催前浪이요, 화무십일홍花無十日紅"이라는 말이 있다. 장강의 뒷물결은 앞 물결을 밀어내고, 열흘 붉은 꽃은 없다는 곳이다. 십년동안 지속되는 권력이 없듯이 옛사람은 가고 새로운 사람이 온다, 마찬가지로 이 세상에 아무리 아름다운 꽃이라도 영원히 피어 있는 꽃은 없고 한 시대가 지나고 나면 새로운 시대가 도래한다는 의미이다.

꽃이 떨어지는 시간에는 사람들은 모두 낙화를 바라보며 이별을 생각한다. 시인들이 꽃이 지는 모습을 보는 마음은 어떠할까. 사람마다 다르겠지만 우선은 꽃비가 내리는 듯이 내리는 꽃은 아름다울 것이요, 한 생명이 지는 것으로 본다면 안타까움을 넘어 서럽기도 할 것이다. 그렇기에 많은 시인은 꽃이 지는 모습을 '낙화洛花'를 노래했다. 낙화는 삶의 운명 실타래 한 매듭이 끊어지는 것으로 느끼기도 할 것이요, 또 어떤 사람은 다른 열매를 맺기 위한 진통으로 보기도 한다. 낙화는 소멸하는 것의 아름다움은 물론 이를 통해 이 세상에 영원은 있을 수 없다는 달관의 경지까지 읽어내게 된다. 그렇다. 이 세상에 영원한 것은 없다. 모든 것은 때가 되면 아쉬움과 슬픔을 남기고 뒷모습을 보이며 떠나야 한다.

진정으로 가야 할 때를 아는 사람은 누구일까? 마음이 여유로운 자, 욕심을 비울 수 있을 때, 비로소 아름다운 이별의 순간을 맞을 수 있다. 사랑을 시작할 때 이별을 생각하는 사람은 없다. 하지만 뜨거웠던 사랑도 언젠가는 식기 시작하고, 받아들이기 싫지만 사랑이 식어버렸을 때 이별을 준비해야 한다. 어떤 이별도 아름다울 수는 없다.

이별이 축복일 수는 없다. 하지만 우리는 헤어지는 순간에 지난 모든 일들은 아름다운 추억으로 남기기 위해 노력해야 한다. 아름답지만 꽃이 떨어져야 새로운 잎이 나고 열매가 열린다. 세상의 만물은 이별의 아픔을 넘어설 때 새로운 모습으로 성장한다. 아프고 힘들지만 그것이 바로 삶이다. 아쉬움에 사로잡혀 과거에만 매달리면 성숙할 수 없다. 떨어지는 꽃을 아쉬워하기보다 다가오는 미래를 기대해야 우리는 보다 나은 삶과 인간의 불꽃을 일구어 낼 수 있다. 장강을 바라보고 있으면 이런 느낌이 든다.

장강을 떠도는 넋은 많지만, 중국 서정문학의 원형을 보여주는 시인 굴원屈原은 전국시대 말엽 초나라의 꺼져가는 불꽃을 슬퍼했던 시인이다. 굴원의 『초사楚辭』는 장강을 떠도는 넋의 노래이다. 『초사』는 자신의 감정을 담아 시라는 형식으로 표현한 것이다. 동서고금을 막론하고 위대한 작가의 질문은 한가지다. 인간에게 삶과 죽음은 무엇이며, 빛과 어둠은 무엇인가. 아침은 어떻게 오며 밤은 어떻게 오는가. 인생은 삶과 죽음, 빛과 어둠의 경계를 넘나드는 기록이다. 우리는 매일 출발하여 도착하고, 도착하여 출발한다. 그리하여 인생을 만든다.

전국의 통일시대에 소진과 장의가 역사의 두 수레바퀴였다면, 굴원은 '당랑거철'의 사마귀 정도의 신세에 불과했다. 그러나 어떠한 책사들도 굴원만큼 후세인들에게 사랑을 받지는 못했다. 시재가 출중했을 뿐만 아니라 박학다식했고 특히 충성스러운데다가 청렴결백했다. 이에 뇌물을 좋아하는 상관인 근상은 굴원을 시기하여 그를 참소해서 왕의 총애를 잃게 만들었다. 굴원은 진에 의해 초나라가 패망하는 장면을 목도하고 힘없는 지식인의 허망한 죽음일지도 스스로 나라와 운명을 같이했다. 그는 유배지에서도 나라를 걱정하여 한순간도 우국충정을 잃지 않은 적이 없었다. 또한 불멸의 시를 많이 써서 나라와 백성을 걱정하는 진지한 정감을 토로했으며, 급기야 비분이 극도에 달하자 강에 몸을 던져서 자결하고 말았다. 굴원의 시는 비분이 넘치는 노래로 한구절 한 구절이 깊은 애국의 감정을 토로하여야 천고에 길이 남는 걸작이 되었다.

아름다운 봄날 굴원의 『초사』에는 「이소離騷」「원유遠遊」「천문天問」「구가九歌」「복거卜居」 같은 많은 걸작이 담겨 있다. 굴원은 일찍이 「구가」에서 "그대의 손을 잡고 동으로 가서, 고운임을 남포에서 떠나보내네"라고 노래한 바 있다. 굴원의 이 노래가 있은 뒤로 '남포'란 말은 시인들에게 으레 '이별'이란 단어를 떠올리는 의미를 지니게 되었다. 그 뒤 많은 시인이 실제 헤어지는 포구가 동포이든 서포이든 북포이든 간에 남포라고 말하곤 했다. 하기야 정인을 떠나보내며 이별하는 마당에 그곳이 북포이든 남포이든 무슨 의미가 있을 것인가. 또한 굴원은 세상살이에 실망한 자신의 모습을 "아침에 목련에 떨어진 이슬을 마시고, 저녁에는 가을 국화에서 떨어진 꽃잎을 먹는다"라고 위로한다. 실의에 찬 몸과 마음을 목련과 가을 국화로 환치하는 시인의 모습에서 절망조차도 현란한 아름다움으로 채색되는 것이다.

시인이 만드는 말은 사람을 살리고 죽인다. 사람은 말을 통해 인간과 사회를 배운다. 거대한 문명을 만들고 전파하는 것도 말이다. 백 년도 못 가는 사람의 생명보다 말의 생명이 훨씬 길다. 사람이 만들지만 사람보다 더 위대하게 세상에서 존재한다. 이것이 시인이 만드는 말이다. 그렇지만 말 없는 말의 세상에 빠질 때가

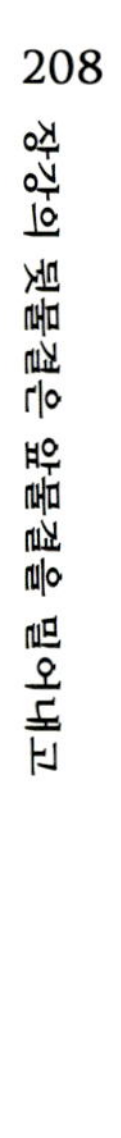

있다. 말은 순식간에 나타났다가 순식간에 사라진다. 그 사라짐을 붙잡기 위해 시인은 시를 만들고 시는 시인을 애타게 한다. 시인은 말의 영혼을 파고드는 사람이다. 시인의 시는 영혼의 말이며 바람의 말이다. 적어도 시인은 자신을 위해서가 아니라 자기가 죽은 후 남겨질 흔적을 위해 꽃나무를 심는다. 꽃나무를 스치는 바람처럼 영혼은 돌고 돌아와 우리를 감싸 줄 것이다.

굴원은 장강의 유유한 흐름 속에서 노를 젓고 있는 어부를 통하여 자신의 모습을 읽는다. 이 세상 어디서든 그 흐름에 적응하며 초연하게 사는 것이야말로 진정한 삶의 모습일 수 있다는 것이다. 굴원의 노래에는 세상을 위해 열심히 일하고, 세상이 혼탁하면 물러나 자신의 심신을 수양하라는 정신이 담겨 있다.

장강은 중국의 역사를 만들고 굴원과 같은 위대한 시인을 만든 기나긴 강이다. 그래서인지 『삼국지연의三國志演義』에는 "도도한 장강의 물줄기는 동東으로 흘러가고/흐르는 그 물결 속에 옛 영웅들 모두 사라졌구나/시비와 성패는 돌아보면 모두 부질없는 것/청산은 예와 같아 아직도 그대로인데/서산의 노을은 얼마나 많은 세월을 피고 졌던가"라는 노래가 나온다. 세상에 영웅호걸은 그리 많았건만 장강의 물결과 함께 모두 사라지고 말았다. 백성들은 하루하루를 살아갈 뿐, 장강은 백성과 세상을 포기하지 못한 채 오늘도 흐르고 있다.

거대한 황색 물결

— 중국의 황하

고대 문명은 강을 끼고 발달했다. 중국에는 중원中原이라 불리는 황하강 하류에서는 해마다 양질의 물과 황토를 실어왔기에 일찍부터 문명의 꽃을 피웠다. 이것이 세계 4대문명의 하나인 황하문명이다. 중국 역대 왕조는 모두 이 유역에 수도를 정했고, 현재도 인구의 1/3이 이곳에 운집해 있다. 황하강을 중심으로 강의 남쪽인 하남과 강의 북쪽인 하북이란 지명이 생겨났고, 오늘날의 수도 북경은 하북에 속한다.

중국의 역사를 만든 물은 황하와 양자강에 모인다. 그러나 어떤 물이든 중국의 모든 물은 동쪽으로 흐른다. 약 6천 킬로미터에 달하는 황하와 양자강은 중국사를 일군 거대한 물줄기이다. 황하는 북쪽의 역사를 만들었고, 양자강은 남쪽의 역사를 만들었다. 두 물줄기 모두 동쪽으로 모여서 사람들은 고대의 역사가 황하를 중심으로 이루어진 것으로 생각한다. 중국의 역사가 황하의 역사라고 여긴다. 그래서 중국인들은 황하를 어머니의 강이라 부른다. 황하는 그들의 무엇을 품고 그들에게 무엇을 주었을까. 때로 자비롭고 고요하지만 때로 마음대로 다스릴 수 없는 난폭한 강이다. 이 신비의 강은 오늘도 흘러간다.

메소포타미아 문명, 이집트 문명, 인더스 문명은 서로 영향을 끼쳤지만, 황하 문명은 타클라마칸 사막과 히말라야 산맥이라는 장벽에 가로막혀 발전 속도가 느렸다. 이 때문에 아프리카나 유럽 문명과 다르게 동양의 독특한 문화를 가진 것으로 취급했다. 역사학자들은 앞의 세 문명을 서양 문명, 황하 문명을 동양 문명으로 구분하기도 한다. 그래서 황하 문명이 다른 고대 문명들에 비해 가장 늦게 시작되었다는 주장이 펼쳐지지만 이는 사실이 아니다. 4대 문명의 정확한 기점에 대해서는 학자들도 정확히 단정적으로 말할 수 없다. 4대 문명 중 가장 늦게 등장한 황하 문명은 기원전 2000년 정도에 시작되었으니 이미 유구한 역사를 가지고 있다. 중국인들에겐 아시아 문명의 발현지로 자랑스러운 강이지만, 한편으로는 도무지 사람이 다스릴 수 없는 험준한 강이었다.

황하는 대하천임에도 불구하고 옛날부터 운항이 발달하지 못했다. 양자강은 어떤 배라도 물길을 따라가면 하구의 상해까지 갈 수 있다고 했다. 양자강 주변에는 상해와 중경을 비롯하여 의창, 무한, 남경 등의 주요 도시가 생겨났다. 이에 반해 황하 유역에는 그런 규모의 도시가 없다. 난주, 포두 등의 항구 도시가 있을 뿐이다. 황하의 수질은 거의 흙탕물 수준으로 이미 옛 문헌에서는 '물

1말에 진흙 6되일 정도'라고 기록되었다. 이 정도면 흐르는 진흙 수준인데, 이렇게 황하가 이름 그대로 황토빛이 된 이유는 선사시대 때부터 이어진 환경파괴라는 인재로 인해 토사가 엄청나게 유출된 때문이라 한다. 황하 중류에는 코끼리와 코뿔소가 뛰놀던 온대림이 있었는데, 진한시대에 토목 공사와 농경지 개척을 위해 이 숲을 싹 다 베어버리면서 황하는 급격히 악화되었다. 오죽하면 "황하가 맑아지길 기다리는 것은 어리석은 일"이라는 뜻을 지닌 백년하청百年河淸이라는 사자성어가 나왔을까.

황하가 범람할 때면 싯누런 흙탕물이 마구 밀려 내려와 금세 백성들의 가옥과 전답이 물속에 잠기고 운하가 막혀 물건 수송이 중단되어 버렸다. 그러면 남방의 곡물을 북경으로 수송할 수 없게 되어 모든 경제활동이 정지되고 만다. 홍수가 한번 나면 강의 흐름이 아예 다르게 바뀌어버린다. 강바닥의 높이가 인근의 지표면보다 높기 때문에 황하는 땅 위로 흐르는 강이다. 고대부터 황하의 범람을 막기 위해 주변에 지속적으로 제방을 쌓아 올렸기 때문이었다. 그 결과 황하는 땅위로 흐르는 강물이 되었다. 예나 오늘이나 자연의 순리나 원래 모습을 거역하거나 맞서는 인간은 벌을 받게 마련이다.

중국 대륙을 크게 굽이쳐 흐르는 거대한 황색 물결, 황하는 중국의 거대한 영토를 떠오르게 한다. 뿐만 아니라 황하는 그것이 표상하는 중국이라는 거대한 세계와 싸우며 또 거기서 벗어나려고 몸부림치던 여러 민족들, 특히 티베트족, 회족, 몽골족, 위구르족의 사연을 동시에 움켜잡고 흘렀다. 중원의 황하는 도도하다.

너무 도도해서 사람은 다스리려 했고 나라는 억압했다. 때문에 황하 속으로 들어가면 늘 걱정이 많아진다. 속에 무엇을 품고 있는지 전혀 짐작도 알 수도 없는 탁류! 그 도도함과 불투명성 때문에 고락을 함께 하면서 역사의 의미를 만드는 강이다. 그래서 이백 같은 중국 최고의 시인은 장강과 황하를 수차례 만유漫遊하면서 그 자연과 세상을 노래하게 된다.

> 하늘에서 한 자도 안 떨어진 봉우리 봉우리들,
> 기암절벽에 거꾸로 매달린 마른 소나무.
> 거친 물결 으르렁거리며 나는 듯 달려가고,
> 골짜기마다 우레 같은 돌 구르는 소리.
>
> — 이백, 「촉으로 가는 길」 일부

인간의 삶과 역사가 혼탁하고 고통스러운 것은 엄밀히 말하자면 삶과 역사 때문이 아니다. 고통은 오히려 삶으로부터의 이탈, 다시 말해 더 잘 살기 위해 싸우고 갈등하기 때문이다. 삶은 살만한 그만큼의 가치를 지니고 있지만, 인간이 그 가치의 진리를 깨닫지 못하고 있을 뿐이다.고통은 그 삶이 지닌 진리를 알지 못하는 데서 나온다. 세상에는 아주 많은 진리가 있지만, 동시에 어떤 진리도 없다. 강에는 천 개의 길이 있다. 미처 보지 못한 천 개의 크고 작은 길이 있다. 천 개의 물길과 천 개의 숨겨진 섬들이 있다. 세계를 만들어 나갈 수 있는 천 가지 방식이 있다. 그렇지만 우리는 갈 길을 찾지 못했다고 탄식한다.

길은 없는 게 아니라 넘쳐나고 있다. 길의 부재가 아니라 길의 과잉으로 인한 혼돈과 갈등! 그런데도 길은 사라지고 미로뿐이라니. 강을 바라보라. 강의 길은 순례자들에게 많은 기쁨을 숨겨두고 있다. 우리가 미처 가보지 못한 심연을 보여준다. 그 깊은 곳에 담겨진 비의를 들여다 보기 위해 길게 숨을 쉬고 나서 잠수하라. 그러면 강의 깊은 바닥까지 볼 수 있으며 천 개의 이야기를 들을 수 있을 것이다.

혼탁하고 거대한 황하의 모습을 보고 있으면, 대저 그 끝과 바닥이 어딘가를 볼 수 없을 듯하다. 모든 강은 황하를 무서운 존재로 여긴다. 무서운 황하의 공포가 뇌리에서 사라지지 않는다. 황하가 웅장한 소리를 내며 흐를 때는 누구도 그 강을 건널 생각은 하지 않는다. 아무리 인더스 강이 혼탁하다지만 황하와는 비교도 되지 않는다. 또한 황하의 도도한 흐름을 아는 사람은 아마존이나 나일강마저도 황하가 공포의 대상일 것이다.

그렇지만 황하에도 아름다운 사계가 있다. 봄이면 아름다운 꽃이 피어 벌과 나비를 불러들이고 고니가 오고 아지랑이가 피어올랐다. 여름의 황하는 물살이 더욱 거세지고, 가을 황하에는 조락이 이루어진다. 겨울 황하도 동면에 들어가면 얼음 아래로 흘러가는 황하의 물소리가 들린다. 한 해 동안 꽐꽐 생명을 토해 냈던 강물은 황하와 함께 잠든다. 이 장엄한 생명의 법칙, 순환하는 힘의 기원은 어디일까. 황하를 깨워 세차게 흐르게 하는 힘은 어디서 나오는 것일까.

마침내 황하는 바다를 만났다. 길고 긴 강을 흘러 동영東營에 도착한 황하는 품었던 모든 것을 바다로 던져버린다. 사람들은 이제 황하에서 내려 배를 타고 고기를 잡을 수 있다. 황하가 이끌고온 흙은 땅을 만들고, 그 땅은 도시를 만든다. 역사를 만들고 문명을 만들던 황하는 마지막까지 기적을 만들고 있었다. 황톳물과 바닷물이 만나는 경계에는 또 다른 거대한 대륙이 만들어졌다.

황하는 기나긴 시간을 배회하고 소멸한다. 참으로 멀리 갔던 길을 고요히 돌아오는 시간에 강은 침묵으로 맴돌다가 귀환한다. 귀환을 돕는 시간이면 갯벌에는 망둥어가 뛰고 물새들은 먼 바다의 고향으로 달려간다. 귀향의 마음은 긴 여행에 다 해진 짚신처럼 처량하게 주저 앉는다. 이제 이 밤이 새면 황하는 아침 해를 마주하며 또 다시 바다에서 배회를 시작할 것이다. 내가 할 수 있는 일은 노를 저어 그의 운행을 돕는 일, 그러나 그 일은 너무나 경건하고 힘든 일이어서 함부로 나설 수 없다. 지금은 마지막 숨결을 가다듬으며 또 다른 출발을 바라볼 뿐이다.

두만강 푸른 물에
— 두만강

아침 일찍 연길을 나와 두만강의 접경도시 도문을 향한다. 연길에서 도문까지는 두 시간 거리다. 용정부터 도문까지는 비포장 상태다. 지나는 차량이 거의 없고 간간이 버스만이 다닌다. 도문은 중국 길림성 동쪽 연변에 위치하며 두만강 건너 남양과 마주하고 있는 국경도시이다. 장춘과 도문 사이에 목단강이 흐르고 도문 철도의 종점일 뿐만 아니라 도로교통의 요지이다.

두만강은 백두산 자락의 작은 옹달샘에서 발원한다. 백두산 북파에서 약 28km 떨어진 곳, 원시 자연의 한 귀퉁이에서 시작된 이 작은 물줄기는 한반도의 북쪽 끝을 향해 달리고, 또 남으로 방향을 틀어 한반도를 감싸면서 중국과 러시아까지 적신다. 수천 년간 한민족 역사와 함께해온 두만강의 유래에 대해선 다양한 전설이 전한다. 두만강은 두만豆滿, 도문圖們 외에도 역사적으로 두만豆漫·豆慢, 도문徒門, 통문統門, 토문土門 등으로 불리었는데, 이는 만주어의 음역에서 비롯된 것이다. '두만'의 원래 뜻은 만주어로 '만萬'을 뜻하는 투먼(tumen)에서 유래되었다. 또한 두만강 일대는 땅이 비옥하여 콩 같은 작물 재배에 적당하다. 그 이름에서 유래하듯 '두만강豆滿江' 일대엔 콩이 많이 생산된다. 그리하여 콩 타작을 하면 강 전체에 콩이 누렇게 덮였다 하여 '두만강'이 됐다는 전설도 유래한다.

우리 선조들이 일제 강점기 때 눈물을 머금고, 일제의 탄압을 피해 정든 집과 땅을 남겨두고 만주로 건너야 했던 눈물의 두만강이다. 일제 강점기는 물론 현재까지 북녘 동포들은 살기 위해 목숨을 걸고, 정든 고향을 떠나야하는 애환이 서린 강이 되었다. '콩을 실은 배'들로 가득차야 할 두만강은 옛 강토를 잃어버린 애환과 생존을 위해 눈물을 머금고 고향을 등져야 하는 '눈물 젖은 두만강'이 되고 말았다. 어쩌면 두만강은 '콩을 실어내지 못하는 한' 때문에 쉽디 쉽게 '눈물 젖은 두만강'이 된 지도 모를 일이다. 아, 눈물젖은 두만강!

눈물 젖은 빵을 먹으며 눈물 젖은 삶을 살아본 적이 있는가. 우리는 누군가의 눈물이 되고싶다. 당신의 마음으로 태어나 살다가 당신의 눈물이 되어 죽고 싶다. 눈물을 만드는 누군가의 슬픔을 들여다보면 그것은 나의 것과 다르지 않다. 그 안이 환하다. 어딘가 깊은 산 속에서 나를 이끄는 등불과 같다. 강 건너의 어둠, 눈물, 그것은 나의 것이다. 『백 년동안의 고독』을 쓴 마르케스는 "인간은 어머니가 그들을 세상에 내놓은 그날 태어나는 것이 아니다.

인간에게 태어남을 강요하는 것은 삶이다."라고 썼다. 우리는 태어나는 순간부터 '눈물 젖은 삶'을 부여안고 살아야 한다.

두만강이 흐르는 도문에 서면 북한과 국경을 맞대고 있기 때문에 분단된 조국의 슬픔을 이국 땅에서 느끼게 된다. 이곳 주민의 절반 이상은 조선인이라고 한다. 두만강을 사이로 대교가 놓여져 있으며 다리 위의 전망대로 올라서면 북한 쪽을 전망할 수 있다. 국경은 기대 이상으로 평온하다. 불과 100m도 안 되는 강건너 편에서 북한 군인 몇명이 사진을 피해 초소로 들어가는 모습이 보인다. 마음만 먹으면 얼마든지 북한 쪽으로 달려갈 수 있었다.

두만강 건너 북한을 가장 가까이서 바라 볼 수 있는 곳에서 건너편에 보이는 도시가 바로 남양시라고 하는데, 아주 초라하고 사람이라고는 살 것 갖지 않은 폐허에 가까운 느낌이 들었다. 아파트 같이 보이는 건물엔 유리창도 없다. 유리를 끼울 경제적 여유가 없기 때문이란다. 요즘 세상에 겨울에는 비닐로 창문의 바람을 막아야 한다고 하니 그곳의 경제 사정이 짐작이 되고도 남는다.

수백 킬로에 이르는 강변의 국경에는 '국경'이 없다. 얼어붙은 두만강을 건너 북한지역을 기웃거려도 제지하는 사람 하나 없다. 군데군데 북한의 경계초소가 있었지만 날씨 탓인지 인적도 없다. 최근 들어 탈북자들의 행렬은 더욱 많아지고 있다고 한다. 조선족 안내원은 "운이 좋으면 두만강을 넘어오는 북한 주민을 직접 목격할 수 있다."고 말했다. 두만강 발원지는 낚시터에서 약 12km 떨어진 곳에 있었다. 꽁꽁 얼어붙은 작은 옹달샘인 이곳에 다다르자 국경은 사라졌다. "두만강을 국경으로 한다"는 '조-중 국경'의

문구도 아무런 의미가 없다. 산기슭 언저리에 박혀 있는 작은 국경 경계비만이 국경임을 말해준다. 강이 끝난 곳에서 국경도 없어진 것이다.

나라 빼앗긴 많은 조선 동포들은 원한을 품고 살길을 찾아 두만강을 건너 북간도로 이주하기 시작하였다. 그리하여 그때부터 도문에는 두만강 나루의 선착장이 생겼는데, 이곳이 바로 나라잃고 가족들이 생이별 하던 원한의 두만강 나루터였다. 1935년 가을 북간도(연변)순회 공연을 위해 도문에 도착한 극단 〈예원좌〉 일행이 투숙한 여관에서 밤중에 만주 땅에서 반일투쟁을 하다가 살해당한 남편을 그리며 통곡하는 여인의 애절한 호곡소리를 듣게 된다. 그로인해 커다란 충격을 받은 작곡가 리시우가 망국의 원한과 민족의 설음을 통탄하며 '눈물젖은 두만강'을 창작하였다고 한다.

아, 이 민족의 비극은 언제 종료될 것인가. 일제 치하 36년, 해방, 좌우의 극한대립, 분단, 자본주의와 사회주의의 대치…. 두만강은 이같은 우리 민족의 현실을 모른 척 오늘도 무심히 흐르고 있다. 연변 조선족의 생활상을 바라보면서 나라의 소중함과 분단의 아픔이 다시 두만강의 물결같이 밀려왔다. 그 어떤 시간과 역사도 한 번 지나가면 되돌릴 수 없다는 것, 시간과 역사의 수레바퀴는 민족 스스로가 매순간 최선을 다해 굴려 나가지 않으면 안된다는 것, 그 때 그 순간에 우리가 더욱 최선을 다해 하나의 나라를 만들었다면 오늘날의 비극은 없을 것이다. 그렇지만 역사에는 가정법이 없다.

연길의 호텔에서 잠 못이루는 밤을 보내며 술잔을 기울이고 있는데 누군가 부르는 〈눈물 젖은 두만강〉의 애절한 노래 소리가 들린다.

기적을 일구어 낸 강
— 한강

한강은 한국을 대표하는 강이다. 태백산맥에서 발원하여 강원도 · 충청북도 · 경기도 · 서울특별시를 동서로 흘러 황해로 흘러들어가는 강이다. 그 길이는 514㎞로 우리나라에서 압록강 · 두만강 · 낙동강 다음의 네 번째이다. 한강의 명칭에 '漢'이라는 글자를 쓴 것은 중국 문화를 도입한 이후의 일이다.

수차례 전쟁을 겪으면서 한강은 핏물의 강으로 묘사되기도 하고, 왕이 피난하게 되어 밤에 한강을 건너는 급박한 상황이 제시되면서 민족적 수난을 지켜보는 시련의 강으로 묘사되기도 한다. 6 · 25전쟁 때 끊어진 다리 밑에서 사람들은 죽느냐 사느냐의 경험을 하였다. 강을 건너면 사는 것이고, 강을 건너지 못하면 곧 죽음을 의미하는 상황이었다. 강을 가운데 두고 생사기로의 발걸음을 재촉해야 했던 한강의 기억, 그 순간에서도 어떤 사람은 살아

남았고 어떤 사람은 죽었다. 죽은 사람은 어두운 저승으로 떠났지만, 살아남은 사람은 지금도 한강 물살을 바라보며 꾸역꾸역 이승을 살아간다. 그들은 또 만나서 사랑을 나누고 아이를 낳고 '기적'을 이루며 세상을 만들어 왔다. 한강 철교 위에서 한강의 물결을 바라보며 그들은 살아왔다.

이렇게 한강은 이른바 '끊어진 한강 철교'로 상징되는 동족상잔의 비극과 이후의 남북 분단이라는 뼈아픈 현실을 간직하고 있는 슬픈 숙명의 강으로 남아있다. 강용준의 「한강방어전기 漢江防禦戰記」(1965)라는 소설에는 남하하는 북쪽 탱크에 거의 맨몸으로 돌진하다 총알받이가 된 중대장 대위가 죽어가면서 하는 말이 있다. "그래서 한강을 보자. 이 눈으로. 그리고 증언을 하자 (…) 언덕을 다 올라갔을 때 그러나 오늘 한강은 그저 시커멓기만 했다 (…) 지금 한강은 그저 수렁처럼 시커멓기만 하다."라는 구절은 한강의 실상을 극명하게 보여준다. 그리하여 엄청난 비극과 민족적 분단 현실을 초래한 전쟁 체험이 한강을 통하여 문학작품 속에 형상화되고 있는 것이다.

그러나 다른 한편, 1960년대이래 우리 나라의 고도성장 역시 한강으로 상징되기도 한다. '한강의 기적'이 바로 그것이다. 지속적인 경제개발 정책과 국민적 의지가 차차 결실을 맺어 이루어진 산업화의 도래와 이러한 긍정적 측면의 이면에 잠재된 병폐와 인간적 삶의 현실을 직시하고 그 비전을 제시하려는 차원에서 한강을 문학적 제재로 도입하는 경우가 많았다. 황금찬의 시집 『오후의 한강』과 손장순孫章純의 소설 「우울한 한강」, 그리고 최근에는 조정래의 대하소설 『한강』은 대표적인 예들이라고 할 수 있다. 조정래는 『한강』에서 "매일 세 끼를 먹어야 한다는 것. 그 기본이 깨졌을 때 인간은 허약하기 짝이 없는 동물이 되었다. 사흘을 굶으면 남의 집 담 안 넘어갈 사람 없다."고 적고 있다.

우리의 현대사는 한마디로 분단 현실과 경제 발전이라는 두 가지 충돌을 회피할 수 없는 모순의 역사이다. 그런데 우리는 이 어려운 상황을 극복해 내면서 오늘에 이르렀다. 그렇다면 우리는 누구이며, 어떻게 살아온 것일까. 오늘의 경제적 성취가 높으면 높은 것일수록 그 아래에는 우리들이 고통스러운 몸부림으로 떠받쳐 온 기둥이 있다. 그 기둥은 고통과 아픔과 눈물이 점철된 거대한 인간의 탑이다. 그것이 바로 우리의 자화상이며 비극의 현실이다.

한강 철교를 건너는 동안
잔물들이 새삼스레 눈에 들어왔다
얼마 안 되는 보증금을 빼서 서울을 떠난 후
낯선 눈으로 바라보는 한강,
어제의 내가 그 강물에 뒤척이고 있었다
(…)
열 번이 넘게 짐을 쌌고
물결 하나 일으켜
물새 같은 아이들은 업어 길렀다
사랑도 물결 하나처럼
사소하게 일었다 스러지곤 했다

— 나희덕, 「저 물결 하나」 일부

많은 작가들이 말하고 있듯이, 한강은 근대이래 우리 민족의 삶의 현실과 욕망을 총체적으로 내포한 상징적 강임을 환기시키고 있다. 이를 통하여 한강은 고대로부터 현대에 이르기까지 다양한 상징적 의미와 영욕을 표상하는 민족의 강으로 형상화되고 있다. 한강은 수도 서울에서 많은 사람들이 생업의 터전으로 삼았으며 민족사의 많은 애환을 지니고 있는 곳이다.

오직 그 당시 먹고 살기 위해 살아야 했던 그 시절, 일자리를 찾아 대규모 이농 인구가 서울로 서울로 올라왔다. 6.25전쟁 이후 1960년대까지는 먹을 것을 얻으러 다니는 거지도 적지 않았다. 도시에는 '넝마주의'라 불리는 자들이 버려지는 폐지와 고철 재활용품을 주으러 다니는 사람도 많았다. 삶이 힘들고 어려워 위로받고 싶은 사람에게서 위로받지 못하는 사람들의 두 눈에서는 한강이 슬픔의 강이라는 사실을 안다. 건너지 못할 강 하나를 사이에 두고 한강은 마른 잎새처럼 손 흔들며 슬프게 흘러간다.

이 세상에 보다 넉넉한 안식이 찾아오는 저녁이면 흐르는 강물을 바라보며 구만리 아득한 뱃길을 따라가고 싶다. 깊은 수심을 바라보며 얼비친 물빛에 흔들리는 그리운 이름들을 피워올려 그들과 끝끝내 못한 이야기들을 나누고 싶다. 자욱한 물안개가 피어오른 한강 기슭에는 우리들 삶의 격랑과 아픔이 큰 강물이 되어 흐르고 있다.

강은 이름을 잃어버리고
— 낙동강

낙동강은 흔히 천 삼백리 길이라고 불린다. 낙동강의 근원은 강원도 태백산맥 함백산으로부터 발원하는 강줄기따라 사람의 삶의 영욕이 반복됐다. 함백산에 땅 밑으로 흐른 물줄기가 땅 위로 처음 나오는 태백시의 황지 연못에는 "낙동강 천 삼백 리 여기서부터 시작되다."라고 적혀있다. 한강보다도 긴 남한에서 가장 긴 강이며, 한반도 전체에서는 압록강과 두만강에 이은 세 번째 강이다.

강 이름은 경상북도 상주시의 옛 이름 중 하나인 낙양洛陽에서 온 것으로, 상주(낙양)의 동쪽을 흐르는 강이라는 뜻으로 '낙동강'이 되었다. 현재에도 이 흔적은 남아 있어서, 상주에 '낙양동'이라는 행정구역이 있고 낙동면도 있다. '낙'洛의 동쪽으로 흐르는 강이 곧 낙동강이다. '낙'이란 가락 · 가라 · 가야 등 여러 이름으로 불리던 나라들을 가리키며 낙동강은 가야 동쪽에 놓여 있음을 그 이름으로 알려주고 있다.

낙동강이 아름다운 것은 하구에 자리 잡은 새들의 천국이자 낙원이 있기 때문이다. 그러나 최근 들어 곳곳이 개발의 광풍이 불어 새들과 인간이 함께 살 수 있는 장소가 사라져 가고 있다. 낙동강 하구에 이르면 기나긴 물길을 흘러온 강줄기는 모래 등의 퇴적물도 함께 쌓여 강 하구에 이르러 유속이 느려진다. 긴 여정에 지쳤는지 힘이 빠진 모양이다. 흐름은 느려졌지만 물줄기는 쉬지 않고 이어지니 퇴적물 역시 흩어질 틈 없이 쌓인다. 강줄기는 갈밭을 따라 흘러간 갈대의 아픔과 함께 떨고 있다.

강 하구에 형성되는 퇴적지형을 삼각주라 한다. 삼각형과 닮은 모양이라고 붙여진 이름이다. 풍부한 퇴적물로 이루어진 만큼 영양가 넘치는 비옥한 땅이다. 드넓은 김해평야는 인간을 먹이고 강 하구의 모래사주는 철새들의 휴식처가 된다. 강의 하구인 바다와 가까워질수록 퇴적지형인 모래사구는 늘어난다. 비옥한 토양에는 갈대와 수초가 무성하고 넉넉한 공간에 먹이까지 풍부하니 긴 여행에 지친 철새들이 쉬어가기 좋은 조건이다. 한때 을숙도가 '동양 최대 철새 도래지'였다는 사실이 이를 증명한다.

버려진 땅 을숙도 남쪽, 정적으로 차단된 땅을 흐느적흐느적 걸어본다. 이제는 강을 떠나 바다로 이어지는 섬의 갈대숲을 걷기 시작하면 강줄기도 갈밭을 따라 칭얼대며 흘러간다. 갈대의 시름과 함께 길잃은 철새 발자국 하나가 강물 위에 떠돈다. 철새들처럼 나도 벗어버릴 것, 잊어버릴 것, 다 내 던져버리고 잃은 잠을 달래며 마지막 숨결을 내몰아 쉰다. 이렇게 하나하나 특별한 존재들이 어느덧 마른 잎새에 걸려 떨며 때로는 스산함으로, 때로는 비장함으로 걷는 사람을 엄숙하게 만든다. 섬의 대부분을 덮은 갈대와 갈대숲 사이로 스며드는 바람을 품으며 광활해진 낙동강은 이제 곧 남해와 만날 참이다. 이래서 낙동강은 그동안 많은 시인들의 노래가 되었다. 시인 허만하는 낙동강을 이렇게 노래한다.

바다에 이르러
강은 이름을 잃어버린다.
강과 바다 사이에
흐름은 잠시 머뭇거린다.

그때 강은 슬프게도 아름다운
연한 초록빛 물이 된다.

물결 틈으로
잠시 모습을 비쳤다 사라지는
섭섭함 같은 빛깔.
적멸寂滅의 아름다움.

미지에 대한 두려움과
커다란 긍정 사이에서
서걱이는 갈숲에 떨어지는
가을 햇살처럼

강의 최후는
부드럽고 해맑고 침착하다.

두려워 마라, 흐름이여
너는 어머니 품에 돌아가리니
일곱 가지 슬픔의 어머니.

죽음을 매개로 한 조용한 전신轉身
강은 바다의 일부가 되어
비로소 자기를 완성한다.

— 허만하, 「낙동강 하구에서」 전문

그렇다. 강은 바다의 일부가 되어 비로소 자기를 완성한다. 새는 둥지를 틀어 알을 품어서 자신의 집을 완성하고, 꽃은 향기를 날리며 자신의 존재를 과시한다. 강은 어떻게 자신의 존재를 알릴까. 시인의 말대로 강이 주는 흐름의 존재성, 그리고 그 강이 자신의 몸을 바다에 넘겨주는 관계의 포용성은 흡사 부모와 자식의 관계와 같은 것이다. 강물이 바다로 흘러 들어가는 모습은 어미와 자식의 숙명적 관계를 말해주고 있다. 사람이 살아가는 삶의 모습이 강물이 흘러가는 거와 무엇이 다르겠는가. 죽음이 두려운 것은 포용의 죽음으로 인하여 모든 것이 사라진다는 생각 때문이다. 죽음 이후에는 무엇이 나를 안아줄 것인가. 시인은 바다의 포용이 강의 적멸을 더 아름답게 완성한다고 말한다. 우리는 모두 죽음이라는 망망한 바다에 흘러가는 강물과 같다. 그렇지만 적멸의 아름다움을 향한 끝없는 삶의 열정이 없이는 커다란 포용을 맛볼 수는 없다.

낙동강은 슬퍼하고 있다. 이곳저곳 온통 공사가 이루어져서 쓰레기장을 방불할 만큼 오물로 가득하다. 낙동강에 페놀을 몰래 버린 아픈 자국이, '4대강 사업'이 남긴 아픈 자국이 그대로 남아 있다. 어둠이 강의 끝 부분을 가득 채우면서 내가 서 있는 발밑까지 번져오고 있었다. 난지도 쓰레기장에 묻힌 것은 우리 시대 인간들의 끝없는 욕망이지만, 그 욕망과 무관하게 거대한 무덤 위에는 아무 것도 모른다는 듯이 어여쁜 풀꽃과 푸른 나무들의 돋아나와 이 세상의 모든 덧없음을 어루만져주고 있다. 이 세계는 인간의 탐욕과 이기심으로 아름다운 삶을 끝없이 살해한 과정이었다. 이제 우리들의 삶 속에 그런 아름다움의 정령이 아직도 살아 있기나 한 것인가. 우주가 창조된 이래 인간의 삶은 원래 그런 곳이었는지 모른다. 언제나 인간의 욕망은 불꽃처럼 타오르고 그 흔적들은 세월속에 무심하게 묻혀버리는 것, 그것이 우리가 사는 광활하고 기나긴 시간의 흐름속의 삶이다.

낙동강에는 이제 흰 도포자락 날리며 천 삼백리 길 노를 저어오던 할아버지의 모습도 낡은 목선을 손질하던 아버지의 모습도 사라지고 없다. 인간이 새가 될 수 없고 꽃이 나비가 될 수 없듯이, 바람은 바람의 날개만큼 날아가고 사람은 제 삶의 무게만큼 무거워진다. 그렇지만 사람들은 아름다운 낙동강 노을에 누추한 일상을 다시 포개어 눕는다.

봄날과 함께 흐르는 강
— 섬진강

흔히 오백 리라고 하는 섬진강은 우리나라에서 아홉번째로 긴 강이다. 섬진강은 전라도와 경상도를 넘나들며 산과 들, 계곡과 마을을 넘나든다. 구례 같은 너른 들판을 적셔주면서 작은 마을과 지리산 자락을 끼고 돌며 아름다운 강변을 만들어 우리나라의 여느 강보다 정겹고 친숙한 모습을 준다. 특히 화개 입구의 섬진강과 줄 나룻배의 모습은 섬진강이 우리나라에서 가장 아름다운 강의 하나임을 알게 해준다.

섬진강은 본래 고운 모래가 많아 옛날에는 모래가람, 다사강多沙江이라 불렀다. 고려 우왕 때 왜구가 섬진강을 거슬러 오르며 침입하자 새까맣게 몰려든 수십만 마리의 두꺼비 떼가 울부짖어 이때부터 '두꺼비' 섬蟾자를 붙여 섬진강이라 불렀다고 한다.

구례는 섬진강의 중류에 해당하는 곳이다. 지리산에서 발원한 섬진강에는 구례 사람들의 삶과 우리의 지난 역사가 함께 흐른다. 「섬진강」 연작을 쓴 시인 김용택을 떠나 섬진강을 말할 수 없다.

가문 섬진강을 따라가며 보라
퍼가도 퍼가도 전라도 실핏줄 같은
개울물들이 끊기지 않고 모여 흐르며
해 저물면 저무는 강변에
쌀밥 같은 토끼풀꽃,
숯불 같은 자운영꽃 머리에 이어주며
지도에도 없는 동네 강변
식물도감에도 없는 풀에
어둠을 끌어다 죽이며
그을린 이마 훤하게
꽃등도 달아준다
흐르다 흐르다 목메이면
영산강으로 가는 물줄기를 불러
뼈 으스러지게 그리워 얼싸안고
지리산 뭉툭한 허리를 감고 돌아가는
섬진강을 따라가며 보라

— 김용택, 「섬진강 1」 일부

섬진강의 풍경을 이보다 잘 표현해주는 시가 있을까. 시인은 이

시에서 구체적인 경험을 바탕으로 농촌공동체의 삶의 모습을 서정적으로 제시하고 있다. 농민들의 삶이 지향하는 원형적인 안락과 평화를 부각시킴으로써 그러한 삶의 모습을 보여주고 있다. 그래서 섬진강을 배경으로 하는 표제작 「섬진강」 연작시에서는 시종일관 유토피아적 삶이 서정적으로 제시된다.

섬진강은 남도 사람들의 삶의 터전이면서 동시에 시인들이 절실한 시적 세계를 형성하는 정신적 고향이다. 거기에는 시인과 함께 살아온 어머니가 있고 친구들이 있고, 아이들이 있으며 꿈과 이상이 있다. 긴 하루 짧은 세월의 섬진강 노을 속에 서 있는 바람 같은 여자, 뒤에서 따라와서도 떠밀려가는 게 삶의 강물이라고 어머니는 말하곤 했다. 어머니는 강물을 제 몸 안으로 끌어들여 가정을 일구고 들판을 일구었다. 켜켜이 쌓이는 그늘을 헤치며 어머니는 강을 따라 흘러간다. 바람이, 어머니가, 너와 내가 그렇게 흘러왔고 흘러가는 것이다. 그렇지만 어머니의 날들은 강물처럼 흘러가버렸다. 섬진강 물고기처럼 잡았다가 놓쳐버린 나날들이여, 손안에서 상기 퍼덕이기만 하다가 가버린 아쉬움이여.

섬진강은 순수한 자연의 아름다움만이 아니라 그 속에서 살아가는 사람들의 삶의 일생을 모두 담아낸다. 섬진강에는 곧 삶의 진지함과 순박함이 담겨있다. 그 진지함은 일상을 벗어난 찬란함이 아니라 일상에 깊이 자리한 경험적 순수함을 의미한다. 숲이 나타나고 황톳길이 나타나고 섬진강을 따라 굽이쳐 뻗은 삼십 리, 그 끝자락에 하동으로 가는 길이 나타난다.

다른 강들도 그렇지만 이렇게 섬진강은 삶의 순수함이 우리 시대의 비윤리와 부도덕에 대한 반대에서 우러나오는 것이라는 점에서 더욱 의미를 갖는다. 우리나라에서 가장 맑고 깨끗한 강으로도 손꼽히며, 강바닥이 들여다보일 정도로 맑고 깨끗한 강물에서 잡히는 은어와 재첩이 유명하지만, 이런 강에서 살아가는 사람들의 마음도 다르지 않다. 갈수록 삭막하고 힘든 삶을 견디며 폐가만이 늘어가는 황량한 농촌 마을에서 살아가는 사람들의 가슴 속에서 우리는 이 땅을 사랑하는 이들의 진정한 아픔을 발견한다. 섬진강 앞에 서면 인간의 삶을 자연이 너그러운 품으로 안아들이고자 하는 정서와 상상력이 더욱 우러나오게 된다.

김용택은 이렇게 말한다. "꽃이 핀다. 산에 강에 언덕에 꽃이 핀다. 이 세상을 환하게 열어 제치며 꽃은 핀다. 강바람이 불고 꽃이 진다. 산을 날아온 꽃잎들을 강물이 싣고 간다. 세월처럼, 사랑처럼, 기쁨처럼, 슬픔처럼 강물은 꽃잎들을 싣고 흐른다"(「섬진강학교를 열며」). 아름다운 봄이면 섬진강을 걷는다. 그곳은 아름다운 자연과 순수한 인간이 살아가고 있는 낙원과 같은 곳이다.

— 섬진강

에필로그

저무는 강에 손을 씻으며

그동안 떠돌이가 되어 세계 곳곳을 많이도 돌아다녔다. 비행기를 타고 열차를 타고 버스를 타고 또한 걸어서 아득한 또 다른 세상으로 달려갔다. 반복되는 일상에서 벗어나 한없는 무위와 공허의 시간 속에 빠질 때 나는 진짜 살아 있음을 느꼈다. 여행길에서는 무언가를 차지하거나 소유하기 위해 욕심낼 수가 없다. 아니 그럴 필요가 없다. 그냥 쉼 없이 스쳐 지나가는 차창 밖을 내다보면서 무언가를 버리고 또 버릴 뿐이다. 나에게 여행은 씻김굿과 같은 것이었다. 이승에서의 모든 아쉬움과 그리움을 모두 다 떠나보내고, 저승에서는 다시는 외롭고 쓸쓸해서는 안된다는 듯 배낭 하나 달랑 메고 많이도 돌아다녔다. 여기 실린 글도 이 씻김굿의 끝자락에서 나온 파편들이다.

나는 여행을 갈 때마다 가는 곳의 강을 찾아 오랫동안 서성이는 버릇이 있다. 그렇다고 해서 무슨 여행기나 에세이를 쓰기 위해 강을 찾아간 것은 아니지만, 어딜 가더라도 강을 찾았다. 삶이 시들해지고 힘들고 어려워질 때마다 문득문득 어딘가의 강으로 달려가서 술잔을 기울이며 밤새 주저앉아 있었다. 강가에서 던지는 물음은 도저했지만, 그에 대한 답은 언제나 물결처럼 흘러갈 뿐이었다.

아무런 기대도 없이 여망도 없이 나는 흘러가는 강을 그냥 지켜보고 있었다. 그저 외로워하면서 서러워하면서 강물이 하는 일을 바라만 보았다. 그러면 강물도 눈물을 흘리는 것이 보였다. 나는 강에게 물었다. 삶은 무엇이냐고. 강은 답했다. 그냥 어딘가를 향해 흐르는 일이라고.

강은 흐를 곳이 있었지만, 나는 어디로 흘러갈지 몰랐다. 오랜 절박한 물음들을 들고, 눈 내리는 날도 비오는 날도 강 앞에 서 있었다. 감당하기 힘든 큰 물음에 직면할 때마다 강 앞에 섰다. 강이 삶이었고, 삶이 곧 강이었다.

강은 뒤돌아보지 않는다. 강은 역류할 수 없다는 것을 안다. 저 오랜 세월의 전진과 흔적이 어찌 한스럽지 않을까. 자신이 흘러온 시간과 장소를 결코 되돌아 갈 수 없다는 것을 잘 알기 때문일 것이다. 지난 시간과 장소의 흔적을 강물에게 물을 수 없다. 과거는 과거, 흐름은 흐름. 모두 이미 지나가 버린 것이고 모두 흘러가 버린 것들이다. 인생처럼 강도 이유도 없이 속절도 없이 계속 흘러간다.

오늘도 어느 강 앞에서 기나긴 세월을 흐르는 강물을 지켜본다.

강물은 지나간 모든 것을 품고 있지만 아무런 일도 없었다는 듯이 여전히 앞으로 앞으로만 흐른다. 나도 그저 저 강처럼 하나의 기억으로 남을 뿐이다. 그리하여 내 존재의 흔적을 모두 버리고 어느 알 수 없는 바다에 당도할 것이다.

허상문 기행에세이
그대 떠난 강가에 서서
— 세상의 강을 따라서

인 쇄 2024년 1월 2일
발 행 2024년 1월 5일

지은이 허상문
발행인 서정환
펴낸곳 수필과비평사
주 소 서울특별시 종로구 삼일대로 32길 36 305호(익선동, 운현신화타워빌딩)
전 화 (02) 3675-3885, (063) 275-4000
팩 스 (063) 274-3131
이메일 essay321@hanmail.net
출판등록 제300-2013-133호
인쇄 · 제본 신아출판사

ISBN 979-11-5933-504-4 03810
가격 16,000원